红映浦江

上海工运历史研究

第三辑

上海市静安区文物史料馆
上海社会科学院历史研究所现代史研究室 编

上海书店出版社
SHANGHAI BOOKSTORE PUBLISHING HOUSE

前　言

　　一百年前的 1922 年，上海大学成立。至 1927 年，该校停办。虽仅存短短的 6 年时间，但上海大学却见证并书写了一段光荣的革命历史。上海大学是国共两党革命的教育基地和实践基地。上大的革命师生富有革命理想，又有深入工人群众的工作经验。在五卅运动前，中共上海党组织、上海大学和上海工人组织已成为有机的连环体，从而牢牢把握住五卅运动的斗争方向。因此，上海大学与中国革命史、上海工运史有着十分密切的关联。

　　上海市静安区文物史料馆与上海社会科学院历史研究所现代史研究室继续联合编辑出版《红映浦江——上海工运历史研究》第三辑，由马军与朱润两位同志担任该书主编。本辑以"上海大学与工人运动"为主题，主要展现百年前上海大学与上海工运波澜壮阔的革命历史，传承红色革命文化。

《红映浦江——上海工运历史研究》第三辑特别推出"名家专论"栏目，刊登解放前长期从事工人运动的老党员、解放后曾任同济大学校长和党委书记、上海社会科学院历史研究所研究人员的薛尚实同志等撰写的《上海大学简史（初稿）》长文。该文作于60年前，系作者手写稿，长期藏于上海社科院历史所现代史研究室，未公开出版，故研究者很难利用这份珍贵的文献进行相关领域的探索。该文是已知的最早系统研究上海大学革命历史的学术专论，其学术价值与社会意义不言而喻，现经马军研究员整理出版，对推动上海大学史与中国革命史、上海工运史研究将起到十分重要的作用。本辑中刊登的薛尚实回忆，以及马军对薛尚实研究上海大学历史的回顾可以深化我们对上海大学史研究历程的认识。

本辑开辟"1920年代的上海大学与中国工运"专栏，收入7篇论文，从不同角度诠释上海大学与工人运动之间的关系，体现党领导下的上海工运工作的伟大成就。此外，继续刊登老工人口述资料与《上海工运动态》（上海公共租界工部局警务日报摘译）1923年部分这两种珍贵的资料，其中有许多内容与上海大学密切相关，为学界提供了最新史料。

目 录

专题论文

口述回忆

研究回顾

史料整理

名家专论

上海大学简史（初稿）

薛尚实、吕继贵著

马军整理

目　录

（一）上海大学的前身——东南高等专科师范学校

　　上海大学的前身是东南高等专科师范学校，校址在闸北青云路朝西的一条弄堂里，创办人为王理堂（公燊），该校是于1921年建立的。

　　那时候，上海在北洋军阀黑暗统治之下，一般市侩文人藉学敛财，纷纷创办"野鸡"学校。东南高师也是其中之一，校中设有国文（专门教古文诗词）、英文及美术专修科。教学仪器非常简陋，计有钢琴、风琴各一架。美术科有石膏模型几个。杂志数本，报纸两三份。各科虽有课程名目而无教学内容，教师都是挂名或者兼职的，教师偶然来上课，从不点名，糊涂敷衍，潦草塞职。

东南高师各科及附属中学全体学生，合有 160 余人。学生多是安徽及江、浙之贫寒青年，其中有一部分是参加过五四运动的爱国学生，他们在运动中被学校当局开除而失学。他们经过斗争锻炼，认识较高，抱着满肚子怨气，辗转来沪，希望能学点知识，寻找出路。刚进东南高师校门不知底细，等到开了学才知误入"学店"，莫不切齿痛恨。开学不久，王理堂将教务、校务交给陈勖武、汤石菴二人代理，自己就带着学生所缴的一部分学费、膳费到日本东京留学去了。学生闻讯，互相流传，经过证实以后，全校大哗。曾有少数学生向校方提出质问，陈、汤等一味支吾应付。学生领袖周学文、汪钺等组织了一个十人团，有陈荫楠、孔庆仁、陈子英、王德庆、余益文、黄吉羽、程永言等参加。他们秘密商议改组学校，拟聘请一位有声望的社会名流来当校长，以求革新。他们打算于 1922 年双十节前后，以公开伙食账目为中心要求，号召学生开大会，会上要提出"伙食自办"和"改组学校"。十人团将这决定向全校各科告知，这时候学校已处于"山雨欲来"之势。到了10月15日学生因吃夹生饭问题发生冲突,十人团即号召召开全体学生大会。大会上提出了"清算伙食账"、"伙食自办"、"反对学阀王理堂"、"改组学校"等动议,全体多数通过,并决定于即日起实行罢课,组织学生自治会和纠察队以领导斗争。学生自治会成立后,立即选派6人为清算账目代表,向代理校务主任陈勘武、会计汤石菴交涉。陈勘武出来答话:"我代理校务,无权交卸,账目现在也无法清理,要请王校长回国解决。"以此来阻挡学生的要求。他们为破坏学生的罢课斗争,一面发动一部分学生组织"学生维持会"收买打手殴打罢课学生,汤镜铭等被殴受伤;一面向淞沪警察厅提出控告,诬蔑学生代表周学文等三人为革退学生,指控其闯进校内煽动罢课,又假借学校名义在校外招摇撞骗。他们企图用当局压力来破坏斗争。学生会亦聘请律师上诉,并派学生代表向警察厅陈述原委。反动统治者感到难于处理,校内罢课仍继续坚持。不料陈勘武等不甘低头,又收买早已开除之学生陈九经等十几个流氓闯进学校进行捣乱,被学生纠察队迎头痛击,这群流氓只好一个个缩头缩颈逃跑了。

发动罢课后,自治会讨论了校长人选问题,曾提出章太炎、于右任、陈独秀等三人为争取对象。后来打听到:章太炎在苏州消极,不问世事;陈独秀行止秘密,难于拜见。于右任有现成的线索，便决定请于出来维持。于右任当时作海上寓公，学生会由进步教师陈阜东介绍王伯葵（他曾参与广州七十二烈士举行的黄花岗起义）作为访于的介绍人。于接见学生代表后，表面同情，实则应付。学生方面以后打听到邵力子、柏烈武、柳亚子、杨杏佛等与于为挚友，乃恳请邵力子劝驾，于才勉强答应。学生代表又请邵陪于到校训话一次。于氏便在 1922年 10 月 23 日由邵力子、王伯葵陪同到校。在欢迎大会上宣布于右任为校长，从此改名为上海大学。

在斗争过程中，王理堂为挽救其私人饭碗，又向上海地方法院起诉，因同学们团结一致又得社会上的同情援助，开庭数次，王均受到驳斥。因诉讼无灵，乃托王开疆律师向上海大学及学生会声明脱离学校关系，请求和平解决、撤销讼案。交涉至此结束。

（二）邓中夏整理上海大学经过

反学阀斗争胜利了，校长于右任将原来东南高师的原班人马分别安排处理，任命叶楚伧为教务长，将各个学科添设主任，国文科主任为张君谋，英文科主任为何世桢，中学科主任为陈德徵，美术科（包括图音图工）主任为洪禹仇，邵力子、王一亭、朱枕薪等为教师。学生已能照常上课。此时的上海大学已稍具眉目，但教学内容还是虚弱。

1922年冬末，校部为扩大影响，聘请社会名流到校演讲，第一个来校讲演的就是李大钊同志。于右任为西北靖国军总司令时，李大钊和他也建立了经常关系。这时候正值陈炯明叛变，孙中山来沪，李亦因事南下，于是即敦请李大钊来校作学术讲座。他首次讲演时，称赞学生会改组学校时目标明确，斗志坚强。其次讲到中国革命必须坚决斗争，朝着正确方向彻底斗争才能得到最后胜利。这给了上大的教职员学生很大鼓舞，从此上海教育界和社会人士对上海大学予以极大的注视。对于如何办好上海大学，李大钊同志亦有详细指示——他特别提倡以办好社会科学为当前的紧急任务。于氏感到要创办这一系科，师资实在缺乏，要求大力支持。李大钊欣然接受，推荐瞿秋白来主持教务，介绍邓中夏来担任校务。

1923年4月间邓中夏（易名为安石）被介绍来校任总务长（又称校务长），主持学校行政工作。他了解全面情况后，紧紧抓住三件大事：一、确定教学目的要求；二、拟草上大章程，改革学校建制；三、聘请有真才实学的名流来任教。

他参考了各个大学和专科学校的章程，起草了上海大学的章程，确定了养成建国人才、促进文化事业为办学宗旨。章程中对教学的目的要求、内容、组织、制度和办学方法……都作了全面研究。写成后，交学生行政会议上审查批准后印发。

为迎接革命高潮的到来，加紧培养革命干部，邓中夏拿出很大的决心整理上海大学。

（三）积极支持上海学联所办的夏令讲学会

1924年夏季，上海学生联合会创办夏令讲学会邀请上大师生主持，后者积极参加，承担了这一义务，在讲学会上对学生青年作了许多政治教育和学术专题讲演。在讲学会即将结束时建立了社会主义问题研究会，以后妇女界亦办了一个妇女夏令讲学会，上大师生均予以大力支持。

由此看来，上大学生的社会活动已由校内逐步转向校外。这个讲学会由上大参加市学联的代表朱义权、刘荣简、朱家悌主持。

在讲学会上的主讲人和讲题有：

任弼时："俄国革命史"

萧楚女："不平等条约下之中国关税问题"

恽代英："中国政治、经济状况"

邓中夏："中国劳工问题"

杨贤江："青年问题"

刘伯伦："各国劳动状况"

邵力子："中国宪法"

瞿秋白："社会科学问题"十二讲

有些讲题在上大本校也讲过。

演讲次数最多、听众最踊跃参加的是瞿秋白的"社会科学问题"十二讲。他分别阐述了社会总体及各种社会现象，讲解到每一章时都联系到中国的实际情况，并指出如何才能改造社会，如何才能建设人类理想的美好社会。

这个会的基本会员有 200 余人，听讲时不受任何限制，不论是否会员，男女老幼，均可自由参加，以求普及。开讲后，听报告者络绎不绝，天气虽热，听众仍甚踊跃。

在讲学会的进程中，建立了社会问题研究会，这个会的基本会员是对社会问题关心和有一定水平的听众，上大学生参加的也不少。

研究会于 1924 年 7 月 21 日在上大正式成立，到会者百余人，正式研究会员有 40 余人。第一次会上通过了简章并推出李春蕃、唐公宪、黄仁、刘一清、徐恒耀等为研究委员会委员。聘请瞿秋白讲"社会科学与社会

科学研究会"，李汉俊讲"社会主义的派别"，李春蕃讲
"帝国主义"、"殖民主义"，李大钊讲"社会问题质疑"，
恽代英讲"中国民主问题"、"社会问题的重要及研究之
态度"、"我的研究社会科学方法"等，会员和听众都十
分满意。研究问题的方法：一、每星期开研究会一次，
研究的问题是会员提出来的；二、随时敦请研究社会问
题的老师作专题讲演及指导；三、各个会员自由选题研
究。这样做，使个人钻研与集体讨论能结合起来，对会
员进步有很大帮助。

为将夏令讲学会的听众组织起来，团结在上海学联
的周围，决定组织夏令讲学会的同学会、同乐会，各种
问题讨论会等，以增加会员与听众的联系。为讨论政治
问题和学术问题，决定每周开讨论会三次，曾经讨论过
"国际联盟与被压迫国际联盟"、"中国有废除不平等条约
之可能否？"、"金钱与恋爱问题"等。

（四）反对国民党右派的斗争

于右任是中国同盟会会员，在国民党中有一定的资
望。他任上大校长后，很快把学校教育活动与国民党的
政治活动联系起来。

他当时拥护孙中山进行革命，在政治上常常表现得

比较开明。由于北伐战争尚在准备，帝国主义唆使的军阀混战仍在进行，不遗余力地组织反革命力量来阻止南方革命势力的发展，因此当时上海的环境十分复杂，他的政治面目表现为两面性：一方面接受中共负责人之一李大钊对改造上大的指示，并藉国民党左派邵力子、柳亚子、杨杏佛等为其撑腰；另一方面也拉拢国民党右派（西山会议派）张继（溥泉）、叶楚伧等来校，张为董事长，叶为董事兼中文系主任，以后又互相介绍了刘芦隐、覃振、何世桢、何世枚等来校任职。由此，上大成立不久，就爆发了国民党左、右派的斗争。

叶楚伧一上任，就拉他的外甥陈德徵为中学部主任。邓中夏未进上大前，陈大权独揽，肆无忌惮，收买先进学生，培植个人实力，安插亲友当会计，并包庇掩护其贪污腐化的罪行，引起了教工学生的激烈反对。何世桢则把持英文系，拉拢一部分学生作为立足点，对邓中夏改革上大的各种措施总是阳奉阴违，甚至进行捣乱。叶楚伧上靠张继、覃振，下靠何世桢、陈德徵，于是组织"中山协会"领导校内 20 多个右派分子进行反革命活动。

1923 年 11 月，孙中山接受共产国际和中国共产党的帮助，发表了《中国国民党改组宣言》。到 1924 年 1 月又在中国共产党的帮助下，在广州召开了国民党第一次全国代表大会，通过了有共产党人参加起草的代表大会宣言和党纲草案，确定了新三民主义的基本内容，定下了联俄、联共、扶助农工的三大政策。当三大政策传达到校后，全校师生热烈拥护，而校内的右派分子则召集特别会议坚决反对，从此校内的政治斗争日益激烈。

当校内的国民党分支部召开大会传达国民党第一次代表大会的各种决议时，国民党右派竟敢在会上公开反对，敲桌子，打板凳，怪声叫喊，捣乱会场，撕毁标语，当他们遭到严厉驳斥、理屈词穷的时候，居然动手打人。右派当中有一个姓张的四川女同学，非常跋扈，气势汹汹，常常大吵大骂。有时学生会讨论政治问题，她就很不礼貌地冲打进来。右派也常常召集秘密会议，张贴反动标语，表示顽抗。上大的中共党、团支部支持国民党左派予以反击，斗争的阵势以社会系为中坚，其他的系科跟上，党支部则从中指挥。到1924年春末，高尔柏、朱义权、刘华、王秋心、王环心等以国民党员的身份出现，发动向右派的进攻。首先驱逐陈德徵任用的办事不力、行为腐化的分子出校，接着又发动中学部揭露陈德徵企图以每月两块银元收买刘华的行径，全校学生同心协力要他滚蛋，陈因此而威信扫地，狼狈逃遁。

陈倒台后，右派仍继续活动，他们在校内有张、覃、叶支持，校外有戴季陶、李石曾的声援，何氏兄弟仍盘踞英文系为非作恶，虽不愿出头露面活动，但亦不甘心失败而消沉。1924年双十节在天后宫召开的国民大会上发生的黄仁惨案，就是叶、张等右派通过孙镜亚指挥童理璋等造成的惨剧。（详见后文）

校内的反右派斗争，还表现在右派头子叶楚伧为争夺上大的实权和《民国日报》领导的地位而动手殴打了上大代理校长邵力子。

反右派斗争不断胜利，右派日益陷于孤立，他们见败势已成，逐渐表现消极，直至撤出阵地。张继原来自动提出要到南洋群岛去募捐，欢送会也开过了，以后销声匿迹了。叶楚伧也不来校内办公了。由于斗争的发展，开始指名道姓地揭发右派的反革命思想和言行，何世桢兄弟见大势已去，只好带领十几个学生到江湾租了两幢洋房，办了一个持志大学。陈德徵则在康悌路（今建国东路）办了一所建国学校进行他们不可告人的活动。

（五）上海大学附属中学简况

上大建立后，附中仍保留，学生仅有数十人，由陈德徵主持。上大搬到西摩路（今陕西北路）时，附中设在时应里，在大学部行政委员会领导下进行工作。1923年冬，驱逐陈德徵出校后，委派李未农任中学部主任。

14

中共上大支部鉴于中学部之重要，改派侯绍裘为主任，高尔柏为教务主任，副职是钟伯镛，到1925年2月行政委员会由刘薰宇任训育主任。

中学部初设初中、高中两级，王稼祥（原名嘉祥）、刘华都在高中进修。

中学部的党员由大学部支部统一领导，团则另设支部。中学建立学生会，出版《上大附中周刊》。

高中毕业生可直升大学。

附中在大学部领导下，关系非常密切，息息相关，凡有时事问题的报告会、学术问题报告会，以及各种专题讲座，中学生都可自由听讲。凡有政治运动，中学生一律出动参加。例如"五卅"前夜，中学部亦彻夜召开紧急会议，决定全部出发参加斗争。中学生前后遭到逮捕者也很多。

（六）非基督教运动

上海大学学生于1924年2月间曾建立非基督教的组织，进行过许多反对帝国主义文化侵略的工作，当时负责人为高尔柏。到1925年11月6日召开成员大会，改为非基督教同盟，到会者有350余人，会上有恽代英、萧楚女、杨贤江等演讲，并对于如何开展工作有所指示。

1926 年 12 月 15 日又召开盟员大会，讨论当年圣诞节应如何开展工作，草拟长期工作的规划，以及如何与各校同盟，并与上海非基督教大同盟建立密切联系，以便全面配合，迅速开展这一运动。会上通过了上大非基督教同盟简章，改选领导机关，选出张昔蒙、刘晓甫、丁显、吴锁、彭进修为委员，李俊修、王洛为候补委员。

自从上海非基督教大同盟成立以后，李春蕃同学即在《民国日报·觉悟》副刊上主持"非基督教运动特刊"（10 日一期），积极向各方面组稿，上大师生投稿最多，前后共计出了十几期。

特刊之中有蔡和森之《近代基督教》、萧楚女之《为什么要反对基督教？》、恽代英之《我们为什么要反对基督教？》、邓中夏之《从何种理论上去反对基督教》等。邓中夏很庄重地主张把这问题提到科学研究的地位上来加以分析研究，并把基督教的本质作了透彻的揭发。他指出反基督教的理论有二：一、宗教是违反科学的；二、基督教是帝国主义进行国际侵略的武器。此外，他提出了两个纲目供大家努力研究：

其一，历史方面：1. 基督教何以发生？2. 基督教教义的解释何以"言人人殊""言时时殊"？3. 19 世纪以前新兴的资产阶级何以根据科学反对基督教？到后来何以一变而为拥护、利用？4.资本帝国主义侵略弱小民族和殖民地，基督教何以会成为他们的侵略先锋队？5.美国在中国何以比其它各国特别注意于教会及教会教育之进展——文化侵略？

其二，事实方面：1.中国全国教会若干所？教徒若干人？其组织系统若何？国籍若何？2.自教会设立以来发生教案若干件？原因如何？经过如何，结果如何？3.各国政府对于国外教会事业的补助若干万？他们的用意如何？4.教会学校若干所、学生若干人？其各国教育行政之系统如何？教程与目的如何？毕业生职业如何？与中国之影响如何？

他把这些基本问题提出来，要求全国各地加以调查研究，彻底戳穿帝国主义特别是美帝国主义的欺骗和阴谋，使基督教的黑幕大白于天下。只有这样做才能激起全国以至全世界的反基督教运动。

到1926年12月全校盟员已发展580余人，经常出发到各区、各街道教堂附近工作，基本队伍总有100余组。非盟员亦甚注意这一工作，一经号召，多数积极参加。特别在圣诞节、礼拜日和做祈祷会的时候，参加的人数更多。

同盟工作不局限于上海各区，大家常常动员校内的同学会、同乡会、各学术团体向在各省市的亲戚朋友、社会团体进行直接或间接的宣传。例如：上大陕西同乡会在非基督教运动周动员所有会员向本市同乡进行宣传，印了一万多份传单分发沪、陕各地，此外还出版了《新群》半月刊的"非基督教特刊"。

上大的同盟经常请市的大同盟来校作报告，请本校教师经常依照报告和指导开展工作。

上大附中非基督教的同盟是在 1925 年 11 月 28 日成立的，成立会上选出了执行委员，发表了宣言。在附中半月刊上出了"非基督教运动特刊"，并动员盟员与各中学同盟建立联系，以便互相推动工作。

（七）协助群众团体，训练革命干部

上大中共支部为了密切党群关系，把全校学生紧紧组织在自己周围，采取各种形式把上大每个学生都吸收到一定的团体中过集体生活并进行政治活动。首先建立起来的是各省的同学会和同乡会，前后计有：浙江同乡会，湖北、陕西同乡会，山东、四川、广东、河南、台州等同学会。各系科建立级会和读书会，女生建立女同学会，教职工建立工会等等。各种组织都经民主选举选出自己的领导机关，每个人都过着自由和民主的愉快生活。校内各种组织在支援本市和外省、外市的政治斗争中，都能正确地表明自己的政治见解，并且能起一定作用。例如反对北京政府教育部彭允彝的斗争；支援保定二师反对校长殴辱女学生；反对长沙惨案；援助南京被捕学生；声援浙江同学会选举代表参加财调会工作；反对绍兴县停办县立女师；援助上海南洋烟厂失业工人，等等，都发出了正义的呼声，增强斗争的力量。

每当暑假、寒假之前，学生会即草拟回乡工作计划，作为对同学回乡活动的要求，计划中包括两个方面：其一、同学们回校要领导或参加人民为实现自己的经济要求、政治要求而开展的斗争，其二、每个同学都要在实际工作中得到一定的锻炼。例如1924年寒假中的回乡工作计划列出"鼓吹国民会议；进行破除迷信；提倡团结；进行反帝国主义、反封建主义的宣传；联络乡村小学教师建立教师联合会，争取发经费，改善待遇；联系青年学生、青年农民，组织革命团体支部"。这些工作对团结起来参加斗争、反帝反封建、反军阀混战、拥护民主革命、改善人民生活都有一定的意义。

各个同学会、同乡会为争取校外旅沪人士团结到新形势、新任务之下，常常利用聚餐、吃年夜饭、茶话会、文艺晚会等形式向亲戚朋友进行爱国主义教育和民族、民主斗争的宣传，利用这个时机宣传上大办学的目的要求，并进行募捐建筑校舍的基金，进行援助罢工工人或救济失业工人的募捐等有益工作。这与过去呼朋引类、花天酒地、为名为利、感情拉拢的腐朽俗套完全不同。就某种意义上讲，这是具有移风易俗、为革命事业服务的作用。这给予社会人士诸多良好的影响，也转变了一部分人对上大不正确的观感。

上大支部为团结与教育校内外的群众参加各种政治斗争，推动同乡会创办了定期的或不定期的刊物，如浙江台州同乡会创办《台州评论》、陕西同乡会出版《新群》半月刊、湘社办有《湘锋》，宣传把如何团结人民、改造旧社会作为自己努力的方向。湖北同乡会发表《改造湖北同志会宣言》，浙江同乡会还建立了比较广泛的组织——浙江青年社，以联络友谊、研究学术、促进社会为宗旨，去团结青年到党的周围来。由于主持人杨贤江、沈泽民等人努力，一报名就有200多人参加。总社设在上海，各地设分社，该社出版了一种刊物，并办了一所义务学校，经常举行通俗演讲。

河南旅沪学会是上大河南同乡会合办的，在学会中建立评议部，评议员都是上大学生。他们定期召集会议，针对本省发生的不利于人民的事件，迅即加以讨论研究，进行口头上文字上的宣传，揭发反动统治下军阀横行、强征暴敛、拉夫捉丁的种种罪行，曾发表文告给各省市同乡会表示抗议。

（八）上大支部的纽带——学生会

上大学生自动组织各系、组的级会，以及各种地方性的团体和学术、文化团体，由此学生的生活日见活跃，这客观上迫切需要一个统一集中的领导。上大党支部及时提出建立全校的学生会，以克服各自分立的现象。为加强各个团体的政治思想领导，于1924年10月11日召开全体学生大会来解决问题。在大会上庄重其事地讨论定名、宗旨、组织原则等十大问题。当大会通过学生会"以谋学生本身利益，并图学校之发展，参与救国运动"（《民国日报》1924年10月15日）为宗旨的各项原则后，选出来了第一任委员。当选执行委员为杨之华、王秋心、王环心、刘一清、郭伯和、刘剑华（即刘华）、李春蕃7人，林钧、窦勋伯等3人为候补委员。

学生会成立后，经常在执委会上讨论教务与校务工作，以及学生学习、工作各方面的问题，并就研讨结果及时向校部提出建议，这些建议往往成为健全和发展学校的重要事项。同时学生会也成为集中大家智慧，推动执行学校决议的动力。例如，建议学校行政委员会从速组织募捐委员会，进行募捐校建基金；争取退回庚子赔款作为本校经费，组织书报流通社供应各种先进书报作为学生学习的参考；组织新闻通讯社解决贫寒学生的支绌问题；组织校刊编委会出版校刊以锻炼学生写作，以扩大革命宣传等，都得到了良好效果。因此，学生会能选出自己的代表经常出席校务、教务会议，及时反映学生思想状况和要求。由此，全校能同心同德、行动一致，使创办不久、经费困难、校舍狭隘的上大，变成为一所新型的大学。

学生会也起到了党支部联系群众的纽带作用，它在学生中具体执行党培养干部的意图，学生是孜孜矻矻，边学边干，定期实现教学计划。通过它组织与领导全校学生，以坚强的意志、整齐的步伐向帝国主义和封建军阀作顽强的斗争。

（九）建立各种学术团体

校内仅有系、组的学习会和地方性的群众团体已不能满足大家的要求，同学们为了探讨学术问题、提高文化水平与理论水平，在老师们的指导下还组织了以下各个学术团体：

一、社会科学研究会

这个研究会成立最早，是在社会学系成立以后。之初，李大钊就在这个研究会作过报告，题目是"社会主义释疑"，原文在《民国日报》副刊"觉悟"上发表，署名李守常，报告中就对社会主义有所怀疑的问题，加以明确的答复。对社会主义制度加以污蔑的观点，如社会主义制度下人民生活是穷苦的，社会主义国家人民要发生怠工，社会主义制度下是不自由的等等问题，一一加以驳斥，这给会员留下了深刻的印象。

研究会一成立，就拟定了工作大纲。确定了：（1）必须进行研究的基本问题；（2）每学期请专家演讲6次，分别召集研究会若干次；（3）组织社会现象调查，在研究委员会中指定5人为社会现象调查委员，分头领导会员按调查对象进行工作；（4）组织读书报告会，由委员会指定三人为读书委员会委员，管理会员读什么书？如何读？如何研究讨论问题。此外，还组织会员定期将研究的问题编定次序，分头举行讨论会，每次都要请老师指导。这样做，不仅提高会员学术研究的兴趣，而且引导会员面向现实生活，与劳动人民建立直接关系。

当时参加研究会的会员有80余人，后来社会学系的同学几乎全部参加了，会务进行得非常活跃。

1924年12月30日，瞿秋白在研究会上作了指示："要明确研究的对象；研究态度应从阶级立场出发，要研究当前社会制度的具体内容和研究改造的方法；研究的方法应调查社会现象，考察这些现象与社会有什么关系，并找到社会发展的规律，不但要从客观上讲究，也要注意主观上的实用。"

恽代英在研究会上作了"社会问题的重要与研究之态度"的报告，李汉俊作了"社会主义的派别"和"经济学说的阶级性"的报告，余泽鸿作了"我的研究社会科学方法"，李春蕃作了"什么是帝国主义"的报告，李春涛作了"什么是殖民主义"的报告，等等。这些报告对会员从事科学研究有很大的启发，对于参加政治活动也有很大的帮助。

研究会在《民国日报》"觉悟"副刊上办有社会科学期刊，内容多是会员的研究心得和教师专题报告记录。

二、中山主义研究会

这个会是 1925 年 12 月成立的，成立后即出版《中山主义周刊》。发刊词有："我们是革命的三民主义者。我们不但在主观上信仰三民主义，我们并且要在客观上实现三民主义。我们不但要在口头上主张三民主义，我们并且要在行动上发挥三民主义……所以三民主义是目下中国被压迫民众解放的实际要求……三民主义的精髓在于'实行'……离了'实行'就没有三民主义……中山先生的精神在于不屈不挠的'实行'。"从中可以看出这个研究会的基本精神。

《中山主义周刊》中有瞿秋白讲、秦邦宪记的《国民革命与阶级斗争》、吴玉章的《民族问题与阶级斗争》、萧楚女的《中山先生行为的研究》等文。

三、进社

它的活动目的是"大家联合起来，掌握起文化宣传的旗帜，以实行改造社会为职志"。

进社的组织面颇广，部门也多，在委员会领导下有：社会科学研究会、学术演讲会、乡村教育促进会、小学教育研究会、妇女运动委员会、游艺委员会等。

这个会社成立后，发表了长篇宣言，说明其办社的目的要求，社会人士特别是青年学生极为重视。其中提到"学术讨论会的要求是组织被压迫青年，集中在一个旗帜下加以严密的训练，研究怎样改造社会的学术，以期社会改造的实现"。

进社的组织对象主要是青年，它号召"要团结起来，要研究实用的学问，要靠自己救自己。要找社会的病根，进行研究，以便对症下药"。对失业青年参加进社的要求是："共同研究自己解放自己的道路，对提出来的问题，不但是讨论而且要求得到实际解决自身问题和改造社会问题的方法。"

进社设通讯社于上海大学，由张先梅同学联系对外关系。

四、青风文学会

这是中国文学系学生于 1923 年 11 月初创办的，由李灏、戴克崇、张豪、叶黄叶等发起组成。

五、湖波文艺研究会

这是中国文学系中又一个团体。开成立大会时，有沈雁冰、瞿秋白、郑振铎等到会演讲，成立时期是 1923 年 12 月 5 日。其宗旨是"宣传革命文学，研究文艺创作。希望湖波一天天地变成了大浪，荡漾着我们的心，向彼岸去领略那美和快乐"。

这个研究会是由方山、刘剑华、岳世昌、冯飞、傅传雄、郭磁、王振猷、冯超、黄之彦等为委员，每周召集会议一次，并出版不定期刊物。

六、中国孤星社

该社于 1924 年成立，它的宗旨是"研究革命科学，讨论社会问题，根本改造社会"。社员有 100 余人，发行《孤星旬刊》共 9 期。

七、英文研究会

这个研究会成立于 1925 年 4 月 15 日，是英国文学系张鸿林等发起组成的。他们是为了举行课外切磋，使学者得以抒发心得，练习演讲。该系主任周越然常亲自指导。

八、演说讲习会

这个练习会成立于 1924 年 8 月 6 日，是全校性的组织，由方卓、陈铁庵、王振猷、王环心、袁耘雪、瞿景白、贺威圣、陈德圻等发起组成。会上决定：每周举行会议一次，练习方式以演说、辩论、讨论进行。有时邀请各大学学生进行友谊比赛。该会请邵力子、恽代英、张太雷、杨贤江等为指导员。

此外，上大还组织了书报流通社、上大校刊委员会和上大丛书审查委员会。

一、书报流通社

这个文化团体是为了宣传革命主张，便利于校内外购买革命书报，代售国内外各种名著。具体如马克思、恩格斯、列宁原著或翻译本，各种社会科学、文学书籍，各种期刊（《向导》《中国青年》等）和本校所出的各种报刊等等。这个社成立于 1924 年 4 月 16 日，成立后与南方、北方各进步报刊建立了广泛联系，所介绍的报刊不但本校师生表示欢迎，校外的个人和集体亦纷纷前来订购或零卖。由此引起了租界捕房极大的关注，第一次控告邵代理校长，就是以推销革命书报为口实的。

二、上海大学校刊委员会

建立于 1924 年 5 月间，随即印发校刊。其内容：时事述评、师生研究学术问题的心得、校内教与学的情况、师生参加社会活动的动态等等。

三、上大丛书审查委员会

负责审查师生的论著，委员有：邵力子、瞿秋白、陈望道、邓中夏等人。

此外，校中还组织有中国济难会分会，会长是黄弼，以后又组织了上海反帝大同盟分部。

中国济难会全国总会发起人是：恽代英、陈望道、高语罕、杨贤江、张闻天、周予同、郑振铎、周越然、董亦湘、丰子恺、钟复光、沈泽民、沈雁冰、韩觉民、周全平、林钧、顾毂宜、郭伯和、余泽鸿、刘一清、侯绍裘、吴开先、黄胤、刘薰宇。

该会刊物《济难》的创刊号载有：《中国济难会与中国各阶级》（萧朴生）、《济难会的目的与意义》（萧朴生）、《中国济难会的我观》（韩觉民）、《中国济难会与中国学生》（杨贤江）。

（十）到工人群众去

李大钊到上海大学来讲演的时候，对如何办好上大，曾作明确指示，他说："我们要反对学院式的教育，也要反对学究式的学习，我们要把上大办成一个社会大学，办成一个培养锻炼革命人才的学校，不应办成书本子的学校。上大师生今后要注意进行工人阶级的教育，要注意工人生活及其斗争问题。"他主张"上大学生要派优秀分子到工人中去建立工人组织，组织工人自觉的斗争"。上大独立支部为具体执行这一指示，为使理论与实践相联系，决定从创办工人夜校着手。

上海当时有官办的"上宝教育促进委员会"出现，主张推广平民教育。上大为争取公开合法活动，于是派卜世畸等出席沪西区各校筹办平民夜校的大会和上宝平民教育促进大会，接受承办平民夜校的任务。1924 年 4 月 1 日在西摩路校部召开筹办平民教育大会。首先由邓安石说明办平民夜校的目的要求，接着讨论通过上大平民夜校组织大纲，选出了卜世畸、刘剑华、马建民、郭磁、杨国辅、朱义权、王秋心等为执行委员，并公布招生。到 4 月 14 日晚上举行开学仪式，到场的学生有 280 余人，来宾及家属 100 余人。开学后，参加夜校工作的有教职员 41 人。因学生过多（报名者已超过 450 人），只好将原来规定的班级依年龄程度，严格改为大班。学生都是青少年，成分是：手工业工人、校工、洗衣作的小工、小烟纸店的学徒、小贩、娘姨、里弄和棚户里居民、本校校工等。课目共 6 种，最注重的是识字和算术，这是学生的最迫切要求。此外，为适应一般商人店员的需要设了一班英文义务补习学校。为便利管理起见，从教职员中选出 4 人为级任，主持校务。指定 4 人为课堂助教，每晚分头到各班视察。

据老校工龚兆奎回忆：上课的晚上，电灯总是开得雪亮，每周上三次课，每次两小时，课本是油印的。边识字边讲革命道理：什么是无产阶级，什么是资产阶级，工人农民为啥要受压迫受痛苦，帝国主义、封建军阀是怎样的欺负人。讲过苏联工人革命成功，自己当家作了主人，我们也要团结翻身作主人。讲过三民主义，也讲过共产主义……讲课的先生多是社会学系的大学生。

搬到青云路师寿坊以后，也办了夜校，学生有小船上的船户、粪箕工人、里弄居民等……读书一概免费，用的小书本也一律免费奉送。

课堂上挂有马克思和孙中山的像。

据杨之华回忆："1923年冬，上大办了一个平民女校，领导人是向警予……那时把女校作为经常活动和开会的地方。邓中夏、萧楚女都做过报告，茅盾也经常在这里碰头，他的弟弟也在女校教过书。"

苏联十月革命纪念节（1924年）夜，全校召开纪念晚会，林钧、李春蕃、刘一清都作了演说，蒋光赤（即蒋光慈）先生还作了"俄国革命后之状况"的报告。

1925年五一国际劳动节，夜校召开纪念会，先由教师选编了五一节纪念的教材，解释纪念五一节和三八节的意义，在纪念会上有恽代英、侯绍裘、向警予、林钧等作了演讲。到 5 月 9 日举行国耻纪念会。由此可知上大师生对夜校的重视。

中共上大支委为执行党第四次全国代表大会关于职工运动的指示，讨论如何选派干部到工人群众中去开阔与发展工人运动的问题。

当时李立三是上海地委的工运委员会书记，传播了毛泽东在安源办工人夜校和办工人俱乐部的经验。支部检查上大办平民夜校的心得，决定选派干部到上海工人最集中的地区去办工人夜校。

在沪西有刘华、杨之华、尹景伊等在小沙渡路办了一所夜校，后在叉袋角办了一所俱乐部。夜校是一条线，另一条线是工人俱乐部，都团结了不少工人积极分子。

1924 年秋末，刘华等到小沙渡工人夜校中担任义务教员，他对办夜校非常认真负责，因为他懂得不少革命的道理，讲课时又能把自己的经历和受到的痛苦生活联系起来。学生听他讲课就格外入神，他讲革命的道理，讲的是那么通俗生动，头头是道，所以工人都很喜欢听。课后他又常常找工人个别交谈，帮助工人解决可能解决的问题。不久刘华就把一批工人积极分子团结在自己的周围。经过一番政治启蒙和阶级教育，他就开始与工人研究如何在工房里、工厂里组织工人与资本家和狗腿子作斗争。从日常反对打骂、反对调戏女工、反对克扣工资等开始，在斗争中不断学习经验，不断教育工人。由于刘华的艰苦朴素，和工人同甘共苦，关心工人的痛痒，所以大家都很尊敬他、爱护他，有些先进工人想通过他能找到共产党。

工人俱乐部建立起来后，张佐臣、江元青、刘贯之等也常常去，有时拿一只留声机去唱唱，吸引更多工人过来。俱乐部附近有空地，有人领头练武、打拳、耍刀、摔跤，工人也很喜欢。同志们利用工人下班以后的时间与工人接头，了解工人在厂里的动态和家庭生活状况，召集同厂或同车间的工人开会研究布置如何发动日常斗争，如何领导车间和全厂的罢工斗争，从斗争中团结工人和培养工人干部。当时工人喜欢通过拜弟兄、拜小姊妹、认同乡、拜同年等形式进行联系。同志们在某种情况下也采用这种形式，主要是介绍各厂工友到俱乐部来谈心。每当放工回家或吃过晚饭之后，俱乐部里人来人往，像茶馆一样，热闹非常。由此团结、教育工人组织工会，建立党和团的支部，领导工人发动政治斗争就成为经常的任务。

沪东杨树浦一带，首先派赵希仁办夜校，后在平凉路办了一所俱乐部。一开始与上海、申新各个纱厂工人的子弟联系，以后由厂里青年团发起了组织夜校，报名的由三五个慢慢的增加到60多个，先给工人子弟办，以后又给厂里的工人办。上课时没课本，只用粉笔写在门板上，教认字，学算术，学唱歌，以后才由上级发油印课本。在课堂上边识字边讲革命道理，一直到解释标语口号、传单。下了课就进行个别谈话、家庭访问，团结了工人群众中有威望的分子在自己的周围。办了几处夜校和工人识字班以后，就募捐（上面也帮助了一点）租房子办了一所俱乐部。以后有做党、团、工会工作的干部到来，分别进行自己的工作任务。

俱乐部办起来了，有部分的职员（也有少数工人参加）组织了一个进德会。

张琴秋也在杨树浦办了一所贫民学校，是用国民党市党部的名义办的，每月可支取一点津贴费。学生中男工、女工都有，后来感到不便才分班。晚上教课，白天就到工人家里去谈谈，经过一年多工作，发展了不少党员和团员，并分别建立了党和团的支部。

根据老工人杨龙英口述回忆：

浦东烂泥渡典当弄办了一所工人夜校，开头只有50多人，慢慢就多起来了。读书人来自英美烟厂、祥生铁厂、日华纱厂、天章纸厂和南洋烟厂，还有码头工人。老师有顾作霖、倪伯良、王操长、沈炎等。上课时发过油印的小本子，也发过平民千字课，老师教唱《少年先锋歌》、《北伐歌》，也教过《国际歌》，讲课讲过三八节、劳动节，还讲过十月革命节。常常讲要收回租界，取消不平等条约，要铲除军阀，要打倒帝国主义，要学苏联工人领导大家打倒沙皇，自己当家做主人。

不久组织了英美烟厂、日华纱厂和祥生铁厂三个工会，工会都在汪薇舟家里（英美烟厂买办，罢工中把他赶跑了）办公。前后搞了一年多，发展了三、四十个党员。团员发展更多，受过夜校教育的总有三百多人。

各区夜校发展情况，据杨之华回忆：

那时候，党以上海大学为基础，在上海各区开办了好些工人夜校。这些工人夜校大部分设在有党的支部或有国民党左派活动分子的大、中学内，课堂是现成的，教员是义务的。我执行党的指示，也参加了工作。秋白是很关心工人夜校的，他对于工人有着浓厚的感情，常常要我把了解到的情况告诉他。我和上大的同学在工作中遇到困难，或是不能解答工人群众提出的问题时，就去请教秋白。他虽在工作非常紧张的时候，也一定停下来答复问题，并且有时指定书本，和帮助收集材料，教给我们有系统有计划地编课本，并解答工人的问题。（杨之华：《忆秋白》）

上大的老师对工人夜校都很关心，例如邵力子、邓中夏到吴淞中国铁工厂平民夜校去演讲，沈泽民到杨树浦夜校演讲，恽代英到南市平民学校促进会演讲。至于上大学生对这项工作更是积极，被分配到夜校去工作，大家都很踊跃。到各区去工作的，常常搞到三更半夜才回来。

上大在 1924 年 4 月就开始办工人夜校，以后又直接派学生干部到沪西、沪东、浦东以及其他各区有关系的大、中、小学去合办，与各区建立了联系，也就是建立了党与工人群众的关系，为建立工人自己的工会和工厂支部打下了一些基础。

（十一）天后宫惨案——黄仁之死

1924 年 10 月 10 日，上海各公团为"双十国庆节"第 13 周年开庆祝大会。大会的筹备会被国民党右派所篡夺，指定大会主席为喻育之（国民党上海执行部调查部干事），指定童理璋演讲。此外还有右派徐畏三、何世桢（上大教授，曾任教务长）、陈德徵（附中主任）参加主席团。他们受帝国主义走狗安福系军阀的指使，企图在大会上作拥护卢永祥反对齐燮元的宣传。在大会之前他们获悉全国学生总会及各革命团体（上大是其中的一个）

要出席演讲，害怕当场被揭穿阴谋，就组织了大批化装特务、刺花流氓到场埋伏，以便随时发作。

大会将开始，上大学生散发大量传单，主席台上即有人大声喝阻，不许散发。散布在台下的流氓立刻随声附和，大声喊打，旋被纠察队员制止。大会正式开幕，喻育之报告大会宗旨，宣称"卢公永祥为正义而战，为民众而战，我们非帮助他不可，大家要去帮助卢永祥作战……"此时，林钧在台下笑着说："这是笑话。"同时有好些听众，齐声叫"去，去！"于是立即有两个彪形大汉冲过来，一个指着林钧说："就是这个，就是这个"，另一个大喝道，"你笑什么？你敢反对么？"旁边有个带铜盆帽的说："齐燮元的奸细"，"扰乱会场"。那两个家伙立刻向林钧挥拳殴打。接着有七八个流氓紧紧地围了上来。上大纠察队员李逸、沈尚平、刘稻薪、黄培垣、何秉彝、石玉白、洪野鹤（上大教师）等上前劝解，同时被殴，林钧被台前打到台后，眼镜亦被打落，又不容分说，被推到警察休息室关了起来，维持秩序的沈舒安要为林钧解围也被关进去了。此时会议进程是全国学生总会代表郭寿华演讲，当他讲到"我们国民要一致起来打倒一切军阀，打倒一切帝国主义……"时，不料童理璋竟暴跳如雷，不许郭君继续讲下去，并召流氓登台，抓住郭君，前拖后推，把他从扶梯上一直推到台底下。

郭伯和与黄仁眼看流氓行凶，立即登台责问主席团，刚刚开口，又遭毒打，并将郭伯和从 7 尺多高的台上猛力一推，跌倒台下。接着黄仁亦被流氓一举猛击，两脚朝天，跌在硬地板上，因脑部和腰部受重伤，当即大呕大吐，失去了知觉。郭、黄二人都被抬进警察休息室。在台上撕打的同时，台下凡呼口号的，散发传单的，维持秩序的，多数遭到拳打脚踢，其中大半是上大学生。东打西打，会场秩序大乱。何世桢、陈德徵等在台上竟一言不发，袖手旁观。闹到会议根本开不下去了，忽然来了租界两名西捕开始镇压，这才草草收场。

他们把林钧、黄仁、郭寿华、郭伯和、何秉彝、黄培垣等身负重伤或轻伤的通通被关起来。上大学生见状，忍无可忍，首先由梁某某破窗而入，大伙则从正门拥进，才把被关同志一一营救出来。黄仁负伤最重，由三位同学抬出，叫了一部黄包车赶送宝隆医院。他因头盖骨跌破，脑质损坏，内脏亦负重伤，抢救无效，于 12 日早晨 2 时 17 分逝世。这是上大学生死于反帝、反军阀斗争的第一位烈士。

事实证明：这次惨案是帝国主义、封建军阀的走狗喻育之、童理璋等所直接指挥的，他们事先在国民党右派的阴谋下，布置流氓打手控制会场，准备了大打出手的圈套。在大会上喻育之是执行主席，任由童理璋在台上大声喊打并调动流氓登台行凶。打林钧、郭寿华、黄仁的凶手身上都佩有"国民大会"的徽章，他们口口声声喊"有齐燮元奸细"、"他们扰乱会场"。郭、黄等被囚禁后，童理璋还亲自来查点，要被关禁的代表们签名。他看了名单后大言不惭地说："对不起，误会了""刺花党来打你们是奉命来的……他们的目的是维持秩序，你们既不是扰乱秩序的，那实在是打错了！此事我已报告上海县公署了，现在等待回电，如果回电要人，只得把你们解上去，如说不要，那便可马马虎虎过去……"这完全是奉命来的吓骗兼施的鬼把戏。童理璋最后对郭寿华说："你不听我的话，偏要多讲，所以就被他们打了。"这是不打自招，把自己的走狗面目完全暴露了出来。

这个大会的幕后指挥人是孙镜亚（孙文主义学会的一个干部），具体执行人是喻、童二人，他们依靠巡捕房、警察厅、流氓帮派的协助向革命势力进攻。从中我们可以看得很清，帝国主义、军阀、国民党右派、上海县公署的勾结是何等密切啊，他们在光天化日之下制造惨案，摧残革命力量。同时，我们也可以看到当时参加大会的各公团代表对反动统治势力估计不足，丧失应有的警惕，粗心大意，竟为反革命所暗算！

惨案发生后，舆论哗然，黄仁惨死的消息公布后，上海各界人士表示愤慨，首先是全国学生总会和上海学生联合会发表万急通电。上海大学学生亦发表"上大横被帝国主义与军阀走狗的摧残"的通电，要求全国人民，一致声讨。国民党上海市执行部也连夜发表宣言，各个区的分部也电告广州孙总理和中央执行委员会，电告海内外各省党部表示抗议。接着国民党上海市执行部接受各区分布意见，决定开除叛党党员喻育之、童理璋二人，并于各大报上公布。

上大四川同学会、四川富顺县（黄仁原籍）旅沪学会为黄仁惨死案发表通电，接着各省市、各机关、各人民团体纷纷寄来慰问黄仁烈士及被殴致死的慰问信。

当时中共中央机关的《向导》周刊发表文章，指出喻、童等不仅是国民党右派，而且还是反革命的行为。邓中夏、恽代英、蒋光赤等发表文章加以抨击。据杨之华的回忆：黄仁死前，瞿秋白同志曾在夜阑人静时去探望过黄仁，并亲自帮助料理身后事务。

黄仁死讯传到上大，上大同学有 200 余人挥泪前往，一到医院门前，莫不痛哭失声，为表示敬意，全体佩戴黑纱，轮流守灵。校内外的哀悼信件不断寄来，各公团信件中，纷纷提出：应将黄烈士生平事迹与牺牲经过公之于世；立即通电全国要求各界一致主张公道；要为黄烈士身后募捐，并开追悼大会。

上大四川同乡会与上大学生会发起于 10 月 25 日召

开黄仁烈士追悼会的筹备会，通知中有"黄仁烈士之惨死，纯出爱国热心，若不举行追悼大会，何以励后进而慰英魂"。当时参加筹备会的有：上海反帝大同盟，全国学生总会，非基督教同盟，国民党上海市第一、第二、第四、第五各区党部，上海学生联合会，上海店员联合会，上海市协会，上海青年学社，申江学社等卅余团体。

筹备会决定于 10 月 27 日在西摩路上海大学开追悼大会。到会的人数极多，挽联、悼词有三四百件，大会由陈望道主持，何秉彝报告烈士史略。瞿秋白、恽代英、沈玄庐及各公团代表都作了演讲。《民国日报》副刊"觉悟"作了专题报道，并发表惨案经过和各种文电、追悼大会纪事等，上大校刊出了专号"悼念黄仁烈士"，发表黄烈士生平、遗著，以及各界人士的悼念诗文。

（十二）反对帝国主义及其走狗的威胁陷害

上海大学自从改组以来，校务蒸蒸日上，例如校内教学改革，进行马列主义教育，办理书报流通社——推广《向导》《中国青年》及各种革命书报，建立各种群众团体，领导各种政治活动——如反对曹、吴贿选，拥护召开国民大会，欢迎孙中山北上，追悼列宁逝世，举行各种革命纪念的活动，等等，由此引起了帝国主义及其走狗的注视。1924 年 12 月上海公共租界工部局《警务日报》记载："最近几个月来，中国布尔什维克之活动有显著之复活，颇堪注意。这些过激分子的总机关设在西摩路 132 号上海大学内，彼等在该处出版排外之报纸《向导》，贮藏社会主义之书籍以供出售，如《中国青年》《前锋》。该大学之大部分教授均系公开的共产党人，彼等正逐步引导学生走向该政治信仰。""所发现的证据都明显地说明了该校三百个学生的大部分是共产主义的信徒。他们所受的训练，无疑地是企图使他们成为有智力的共产主义宣传家的……"由此可见，帝国主义及其走狗对上海大学的窥视已非一日，他们从 1924 年 3 月起（上大是 1924 年 2 月 22 日搬到西摩路的）一直虎视眈眈，日夜进行侦察，稍有借口，即设法打击、陷害，以达到其不可告人的目的。

他们首先通过地方当局淞沪警察厅在政学系所办的《时事新报》上公布的一道训令，给邵力子代理校长公开加上了一顶"共产党总书记"的大帽子，他们的企图是造成社会人士对上大的恐怖心理，使上大陷于孤立，其次是要使在校学生动摇害怕而离开学校。大家知道，那时候正是反动军阀疯狂反共时期，他们以"共产公妻"、"洪水猛兽"来污蔑中共，并宣布了"杀无赦"的禁令来造成对中共的害怕心理。可是在这恶劣的情势下，上大师生仍然坚守阵地，照常上课。这就使帝国主义者颇为恼火，于是一面通过公共租界会审公廨堂谕上海大学要"禁止共产计划和宣传共产"，一面又通过《时事新报》造谣说：上海大学的学生会是共产党的学生会。

一个说"校长是共产党总书记"，一个称"学生会是共产党办的"；一边宣布"宣传共产者杀无赦"，一边堂谕"禁止共产计划和宣传共产"。这一唱一和，无非是想达到反对共产党与打击上大的目的。

为了戳穿他们的阴谋诡计，上大师生不得不抽出一点精力来作面对面的斗争。邵代校长首先在《申报》1925年3月25日上发表了一封致淞沪警察厅长的公开信，内称"清季及洪宪时代，侦探每任意指人为革命乱党，其动机即非倾陷异己，亦系亲信传闻，而结果皆以促进社会之不安。今世尊重自由，在君主立宪之英国，共产党亦能公开组织且为选举活动，凡人非触犯刑章，皆不致遽被捕禁。我国政体共和，约法尤规定人民有集会自由之权，鄙人果为共产党员，本亦不必讳言，惟实不愿受莫须有之诬指。"

至于对会审公廨禁止共产计划和宣传共产的堂谕，则公开在校内布告栏中张贴，使校内外人"见怪不怪，其怪自败"。

为斥责《时事新报》"共产党的学生会"的宣传，学生会在《民国日报》上亦公开揭发其企图是"大约以为加上了这个名目（共党学生会）便可以破坏上大，或者引起上大学生会的内部纠纷"，并指出"本来共产党也算不了一件什么特别的事情——它在国际间已形成了一种很公开的团体，在历史上又是一种必然的产物。可是在中国社会上，偏要以为大惊小怪，尤其是帝国主义与封建军阀支配下的中国，便要借此以为控制或摧残之具。实际上上大学生会并不是共产党所组织的，学生会成立时，到会人数占半数以上，难道到会的都是共产党人吗？"《时事新报》记者见此，当然哑口无言。

经过口诛笔伐的斗争，把帝国主义及其走狗的阴谋打得粉碎，而且争取到了社会人士的同情，对上大不正确的看法亦得到纠正。在校学生对敌人诡计有了进一步的认识，不但没有一个离开上大，相反，在中共上大支部领导下更加紧密地团结起来。

敌人阴谋不得逞，未免感到伤脑筋，但他们对上大丝毫没有放松，相反，他们采取的伎俩更加狡猾而横暴。1924年12月9日午后3时，竟突然派中西包探来校搜查，搜查的理由是："公共租界总巡捕房曾派暗探翻译员顾来清到上大书报流通处，以一元钱购得过激书籍《向导》第92期、《共产党礼拜六》及《前锋》等数种。"又据密探报告"《向导》周报在上海大学刊印发行"，于是派中、西包探 8 人闯入上大第二院、中学部和图书室检查。这时候有位同学正在图书室看《社会科学概况》，英捕即向前抢夺，并叱问"何故看此类危险书籍——即《社会科学概论》——不去研究文学？"（《向导》1924年第 96 期）随即下令对第一院、第二院之图书室和书报流通处，以及课室、寝室大肆搜查，将搜查出的《向导》《中国青年》《社会进化史》《社会科学概论》《孙中山先生十讲》《民族主义》《新建设》《新青年》《上大周刊》，以及俄文、英文原著及革命领袖相片 100 余种，书340 余册，捆扎起来，搬上汽车。当时，同学们莫不义愤填膺，上前质问，英捕竟以极刻薄傲慢的态度说："我们是奉命而来，并有公函在此，你们学校是犯了巡捕刑律的……你们看《社会科学》一类书报，好比小孩子拿利刃要杀人，我们来叫你们不要行凶……你们都是危险分子，不许你们啰嗦，否则到工部局再会……"之后又查问校部办事员，"你校的印刷机在哪里？"办事员答："本校并无印刷机，讲义是油印的。"他们便立刻到讲义处巡察一遍，取去讲义数页，并将有"社会"二字的书籍和报纸刊物装载上车，逍遥而去。上大师生立刻将帝国主义者的强蛮丑恶真相，在报纸上、刊物上公之于世，并表示严正的抗议。

到了 12 月 17 日送来传票一纸，这传票是公共租界总巡捕房刑事稽查科指控邵代校长的。事由是"1924年12月8日上海大学出售有仇洋词句之《向导》报，犯刑律127条；不将主笔姓名刊明报纸，违犯报律第8条"，限于19日传讯。是日捕房代表枚脱兰律师上堂陈述案情，并将"在上海大学查出之共产党过激书籍多种，及俄国过激党之照相逐一呈案，声称此项书籍，对于租界治安有关，请求充公"。邵代校长聘请克威律师抗议捕房所用之刑律127条，指出该条文为私与外国开战者处以有期徒刑，与本案情节全然不合，请求将控案注销。中西会审员查询后，当场宣布注销。克威律师又称，"《向导》印刊发行，完全与上大当事人无关，上大并无印发事实（《向导》是由广州丁卜书店按期寄来20份，并非上大编印），亦应注销"。堂上答以查明后处理。

到了第二次审讯时，克威律师驳斥捕房枚脱兰律师根据之报律案例，已于民国5年7月16日奉大总统令废止，所控不能成立。经堂上会审人员几经核商后不得不宣布注销。最后克威律师要求将包探搜去的书籍报刊等一律发还，结果批下来的是"具票声请"四个大字，其实是悬而不决。

一场反对威胁陷害的斗争，从1924年3月起到1925年1月10日止才告胜利结束。而帝国主义及其走狗以搜查、恫吓、诬告、审讯等办法来摧残打击上大的阴谋终于全部破产。他们在"五卅"惨案以后，又采取更蛮横的手段来封闭上大，上大也以更英勇的姿态参加反帝反封建斗争来回应他们。

（十三）支援日本纱厂工人罢工

从 1914 年起到 1925 年春为止，日本帝国主义的纱厂在中国开工生产的共有 41 家。在上海的有 27 家，雇佣工人约有 5.8 万余人。

日本资本家为加紧掠夺，对中国工人进行抽筋吸髓式的剥削，使用残酷的办法是世间罕有的。工资低（最低的每天只拿到 200 文，初进厂工人扣三个月工资作为押金，以后每月还要扣储蓄金，并且时常借故克扣工资），工时长（6 进 6 出，每班 12 小时，礼拜天加班不加钱），待遇苛刻，工头、领班动不动打人骂人，一个不顺眼就开除出厂。有的厂准备了一批养成工，可以随时代替熟练工人。过着最悲惨生活的就是包身工，他（她）们受到的虐待同中世纪的奴隶一样。

1925 年 2 月，内外棉株式会社第八厂因为反对打骂工人、反对开除工人、要求增加工资等首先发动罢工，资方不但不发工资还逮捕工人，工人忍无可忍，于 2 月 9 日实行罢工反抗，接着东五厂、西五厂也罢工响应。

工人提出：反对东洋人打人，反对开除工人，反对逮捕工人，要求增加工资等要求，推动了内外棉 11 个厂全部罢工。到 12 日，丰田、日华、同兴、大康、裕丰、公大、东华等纱厂和麻布袋厂共 22 个厂，4 万多工人参加罢工，一直坚持了三个礼拜。

这次罢工是日本纱厂第一次的同盟罢工，不但震动了上海和日本的纱厂资本家，而且也是震动远东的重大事件之一。

这次罢工开始时是自发的，罢下来了，我们党才调动组织力量在罢工中建立了领导。上海党组织当时对日本纱厂工作是重视的，但是这一工作没有得到及时的开展。1924 年李立三等在沪西、沪东运用湖南工运的经验，开始与工人建立了联系。同年，上大支部响应党到工人群众中去开展职工运动的号召，动员优秀学生干部（如刘华等）到沪西曹家渡、沪东杨树浦建立工人夜校和俱乐部，从此与各个区的工人建立了联系。内外棉八厂一罢工，工人即到潭子湾找到李立三、刘华同志。同时上大支部也很快得到消息，动员支援罢工。

党中央对日本纱厂罢工十分重视，指定李立三、邓中夏等组织专门指挥这次罢工的委员会。据杨之华说："2 月初，我们接到上海地委的紧急通知，要我们派人组织罢工委员会，领导工人起来罢工。学校支部派邓中夏、刘华、郭伯和、康生和我等几个人到了潭子湾工人俱乐部，和李立三同志一起工作。"（杨之华：《忆秋白》）由此可知，我们在沪西工人中的基础还不雄厚，工人罢工了，我们还不能全面掌握。因此，急需调动各区的干部和上大的学生干部去参加罢工领导。工人得到党的领导，便会由自发的罢工转变为有组织有领导的罢工。

各厂罢下来了，工人每天成千上万到工人俱乐部去听候罢工委员会的指示。罢委决定于2月9日在潭子湾广场上开大会正式成立纱厂工会，会后各厂纷纷建立了自己的工会。上大学生和大夏大学、文治大学的学生在一起，在罢委领导下开展工作，例如：组织宣传队分头进行演讲，发传单，写标语，揭发东洋老板的无理压迫和对工人的剥削、虐待与残酷无情；宣传工人罢工是在不得已的情况下才举行的，号召上海及各地工人、各界人士予以同情援助。接着组织了很多募捐队，向各个纱厂和各界人士进行募捐，将募捐所得的捐款、物资以及慰问信送到纱厂工会和工人纠察队指挥部，鼓励工人坚持斗争。学生们也到工房里去向工人家属进行教育工作，要工人家属一条心，反对东洋老板收买走狗、工贼来破坏罢工。

此时日本资本家想了一个鬼办法，收买"上海工团联合会"的一班工贼流氓，用"反共产主义男女劳动同盟"的名义大发传单，大骂共产党。宣传队毫不客气地给予彻底揭发，并组织打狗队给予无情的打击。日本资本家的诡计不能得逞，又通过走狗散布"工人罢工是受苏俄津贴的，罢工是赤化行为"，力图促使中国军阀来压制罢工工人。宣传队一方面把罢工真相和工人所提出的要求，写通讯交报社发表，一方面组织更多的宣传队员到社会上广泛揭破他们的破坏阴谋。至于宣传"日本厂搬回日本去"、"抵制日货"的活动，同学们都热烈参加了。为了坚持罢工、保护罢工纪律，必须组织工人自己的武装队伍，罢委便决定以各厂各车间为单位，选择精壮青年组织工人纠察队，用原始武装——铁尺、铁棍、锄头、木棍、剪刀等武装起来，派到各个工房内、要道口、工厂周围，派到工厂办公室周围守卫，反对工贼、走狗破坏罢工，反对逮捕工人。这一工作同学们也协助得很好。

参加罢工工作的同学们经常回校向瞿秋白汇报，后者会给予耐心、热情的指导和帮助。瞿曾提出，"中国的工人阶级，中国的民族运动者，大家努力起来援助小沙渡的工人！大家应当起来一致力争：一、严定外国人在中国设立工厂的限制；二、严定最少工资及最多工作时间的限度，夜工工资应格外增多；三、特别规定使用女工、童工的法律；四、改良工人待遇，供给工人住宅医药等；五、工人死亡疾病等，由工厂担负保险费……；六、上海市现在正谋自治，应当即日废除租界，取消工部局等类的外国政府，一切工人都应有选举权、参政权"（双林：《民族的劳资斗争》）这些指示中有几个条件提得太高，但大大打开了工人罢工斗争的眼界，指出了工人罢工斗争的经济要求应与政治要求结合起来。这为之后的"五卅"反帝反封建斗争打下了一个政治基础。

瞿秋白又指出"只有如此，才能根本消灭外国人剥削中国劳动、占领中国市场的现象。只有如此，中国人才能跳出牛马奴隶的地位"。（双林：《上海小沙渡日本纱厂之大罢工（1925 年 2 月 11 日）》）他还指明了工人斗争的方向和争取斗争胜利的办法，并动员一批上大学生直接去领导罢工并在进步报纸上发表文章，给罢工工人以同情援助。

在学联工作的干部，亦动员各界援助罢工。"在西门附近召集学生联合会的会议，由上大学生刘一清主持，讨论了支援罢工办法，并组织上海日本纱厂罢工后援会，发表宣言，提出支援罢工工人的具体要求，作为正式公文送交日本内外棉纱厂总经理。"（《字林西报》1925 年 2 月 17 日）

由于罢工发展得很快，驻沪日本商业会议厅主席田边于 2 月 21 日致工部局总董费信惇函中提出："这一行动的性质已不是一个普通的工潮……罢工几乎流行于所有此间之日商纱厂，现已蔓延到 6 家公司之 22 个工厂，现大批职工（作者按：指日本职员和受骗上工工人）在上工时遭到煽惑者的威胁，厂方受到巨大损失……这个罢工是经过周密部署的运动的第一步……那些煽动分子和狂热分子煽动罢工的经费，则由本市一所大学供给，这所大学被认为是俄国布尔什维克党的宣传机关。因此，公众的感觉甚为不安……"很显然，他们说"这所大学是布尔什维克的宣传机关"就是指上海大学，他们所谓"煽动罢工"即是上大派了一批干部参加了罢工领导和通过宣传队揭露东洋老板的侵略政策及非人的剥削行为而已。显然，日本帝国主义者对上海大学是非常害怕的，也是非常痛恨的。

由此可知，日资本家对罢工的烽火是感到非常头痛的，他们天天在计算损失的大量资本，更痛心的是罢工的政治影响动摇了他们的根基。各厂的老板每时每刻都胆战心惊，坐卧不安，不断地去工部局、淞沪警察厅商量如何才能挫动工人严整的阵势，如何才能早日复工生产。他们首先唆使工贼、走狗到工房里暗中活动，诱骗工人上工，宣称来上工立刻发给工资，如不按期上班不但工资不发，而且用停工关厂来恐吓工人。同时动员日本海军陆战队登陆，并派日本第一遣外舰队"对马号"

赶回上海，威吓上海地方当局"对罢工首领要严查究办"。淞沪警察厅则奉命惟谨，下令解散工人集会，派出暗探造谣破坏、对潭子湾工人开大会，鸣枪恐吓，甚至派马队来驱散工人，逮捕打骂工人。可是工人既不受骗，又不怕军警的横行，仍是坚持罢工。

这次热火朝天的罢工，直闹得日资本家焦头烂额，彻日彻夜在日本商业会议厅召集会议，讨论平息工潮的办法。他们害怕这样闹下去，"前途不堪设想"，只好考虑工人所提出的罢工要求，答应工人所提出的部分罢工条件：如不再随便打人；不再无故开除工人；释放被捕工人等。工会认为罢工旷日持久对工人不利，现在资方接受了初步条件，罢工总算取得了相当胜利。经过反复讨论，决定可以复工。复工那一天燃放爆竹，各厂工人都整整齐齐进厂，各厂的日本经理又惊又喜，亲自跑到各个车间给工人鞠躬行礼，工人这才正式开车。日资本家平时不把工人当人，今天能向工人低头认罪，这的确是头一次，后者在长期坚持罢工中给了日帝国主义第一次沉重打击，这也给了年轻的工人阶级很大的鼓舞。工会在斗争中摸到了敌我的情况，积累了一些斗争经验，团结训练了一批干部，这给纱厂工人准备迎接更大的斗争打下了良好基础。

罢工一开始，上大的师生就站在罢工队伍的前线。

邓中夏那时是上大的总务长，他接受党的任务后，日夜与李立三、刘华等同志谋划如何巩固与扩大罢工阵势，以打退日资本家及其走狗的进攻。他们与工人同甘共苦去争取罢工的胜利。据杨之华回忆，有一次在潭子湾召开工人大会：

突然有大批军警和马队向会场冲来。邓中夏同志一看情况不对，急忙做手势叫正在台上讲话的李立三下来。立三同志立刻混杂在群众中，避开了警察。但却有二、三十个工人被捕走了。中夏和立三同志躲避在附近一个工人的家里，等警察走了以后，就出来组织工人商量对策。当时工人情绪激昂愤慨，纷纷提出包围警察局，要求释放被捕工人，虽然明知道这样做会有不利，但不能拒绝工人的要求。中夏同志提议派代表去，大家一致同意了。在讨论代表人选的时候，立三同志要求去，中夏认为认识立三同志的人很多，作为代表不妥当，白色恐怖又很严重，中夏决定自己和工人代表一起去。果然不出所料，到了警察局，中夏同志和工人代表被捕了。

我把这件不幸的消息告诉秋白，他十分焦急不安，在我们住的客堂前楼小小的一角地方踱来踱去，那天晚上通宿没有睡好觉。第二天一早，他就叫我化装成家庭妇女，到外面去探听消息。在大街上一家茶馆的门前，我和看热闹的人们站在一起，看到一队警察，押着工人代表们走过来了。他们排成一队，带着手铐。在他们中间，我看到了中夏同志，他勇敢而镇定地走着，脸上还浮着从容的微笑，充分地表现了共产党员视死如归、大无畏的英勇气魄。

这次中夏同志和工人代表们的被捕，在群众正义的压力下，不久就被迫释放了。（杨之华：《忆秋白》）

纱厂工会成立后，就在潭子湾四间草棚里办公，这里组成了指挥数万人罢工的指挥部。罢工委员会时刻掌握罢工情况和敌人动态去确定罢工策略，通过各厂工会带领罢工工人统一行动。在日常斗争行动中，团结与教育成千成万的工人干部，大量发展工会会员，吸收先进分子入党，使党中央关于"努力发展与组织各种工会，壮大无产阶级组织力量"的指示变成实际行动，使党与广大纱厂工人群众建立血肉关系。

在这次罢工中，邓中夏、李立三与刘华通过上海分部动员各企业工人支援，郭伯和等通过上海学联动员青年学生支援，使得这次罢工的声势更为浩大，团结到纱厂工会周围来的工人一天比一天多起来。

这次罢工的要求条件虽然没有完全实现，但斗争在党的正确领导下，紧紧依靠群众的智慧和力量，得到了许多宝贵的斗争经验和深刻教训。广大工人群众深深懂得工人阶级所受到的痛苦都是同样的，在帝国主义、军阀、警察局的压制之下，只有团结一致，坚决斗争，才有出路；只有组织工人自己的工会来领导工人斗争，才能实现自己的要求；只有组织工人自己的武装队伍——工人纠察队，才能维护罢工纪律，坚持胜利的斗争；只有在中国共产党的正确领导下，才能取得罢工的胜利。

（十四）在五卅运动的前线上

1925 年 2 月上海和青岛日本纱厂工人举行第一次大罢工，这是五卅运动的序幕！

上海日本纱厂工人在罢工要求提出后，虽未得到全部实现，但在艰苦斗争中，工人却认识到一条真理——团结就是力量。在斗争过程中，各厂工人纷纷团结在自己的工会——纱厂工会的周围。

当时工会的组织系统，是按日本纱厂的株式会社——内外棉、大康、日华、丰田、同兴、公大等 6 个公司系统，建立各个厂的基层工会，它们就是纱厂工会的基础。纱厂工会的领导机关设在潭子湾，由刘华同志等经常主持工作，在这里经常召集各厂工会的联席会议，指挥全市纱厂工人运动、工会会务，非常活跃。日资本家在内外棉五厂办公室的屋顶上天天用望远镜窥视潭子湾工人的活动情况，同时派遣工贼混进工会进行侦察。他们对工会事业之发展，尤其对各厂工会经常发动工人进行日常改善生活待遇的斗争，可谓是又怕又恨。日本纺织同业会召集会议反复讨论这个"严重问题"，一致认为"如不开除不良分子，劳资争议事件不会停止"，于是决定采取"断然办法，取缔各厂中工会活动"。他们首先对各厂工人加强劳动强度，严密监视工人，甚至打骂工人，不断地向工人挑衅。工人则毫不客气地以磨洋工（怠工）、罩布袋（用布袋罩住领班工贼，加以痛打）、摆钢管阵（用钢管缚在地下，待领班滑倒后，加以痛打）的办法，有时采取局部的（一个车间）短期的罢工表示抗议。

5月14日，内外棉第三厂资方又借故开除了工会会员两名，三厂和四厂工会会员立即召开紧急会议，决定发动罢工反抗。到第二天清早，五厂和七厂亦发动罢工响应。

日本纱厂工人坚持罢工斗争，到5月15日内外棉纱厂经理元下川顿竟亲自动手开枪杀死了五厂罢工工人顾正红同志，当场受重伤、轻伤者16人。日本老板开枪杀人的事件，激起了日本纱厂工人全面罢工反抗，也激起全国工人和各界人民无限的愤怒。

"二月罢工"以后，上大学生与日本纱厂工人的联系扩大了，厂里有新的动态，很快就可反映到上大支部来。当顾正红同志被杀、工人立刻罢工反抗的消息传来后，上大学生会立刻召集紧急会议，决定马上派代表到内外棉纱厂吊唁并慰问罢工工友。

5月20日，杨之华、江元青、高伯鼎、刘清山等各率领一批同志到沪西各厂罢工工人中去慰问，并向各界宣传，反对日帝的残杀行为。

5月21日，文治大学学生为募捐救济死伤工友有数人被捕。5月24日，上海大学生朱义权、江维锦、赵振襄等4人前往浜北公祭顾正红，路经沪西普陀路，沿途散发传单，举行演讲，被普陀路捕房的西捕头福来查逮捕，控以"散发传单，扰乱秩序"而打入西牢。他们对公开屠杀工人的日本刽子手则不闻不问，对支援罢工的学生则加以禁止或逮捕。上海各大学学生闻讯，召集各种会议，发表函电表示坚决抗议。被捕学生当然非常气愤，日夜高唱《打倒列强歌》并大呼口号，闹得他们坐卧不安。

这时候，帝国主义的"纳税外人会"又企图于6月2日通过"增加码头捐"、"交易所注册"、"拟订印刷附律"、"取缔童工法案"等，以打击中国民族工商业的议案，激起民族工商业者不满，亦纷纷表示抗议。中共中央于5月28日召开会议，分析了当前局势，决定于5月

30日在公共租界举行反对帝国主义的游行示威。

5月30日上午，罢工工人和各校学生分头到南京路一带散发传单，演讲顾正红被杀及学生被捕经过和反对工部局的四个提案。各界市民自动参加游行者越来越多，队伍到达日本领事署、会审公堂、南京路口等处，高呼口号，响彻云霄，交通为之梗塞。上午南洋大学和上大学生在演讲时遭捕房逮捕了100多人。帝国主义者见群情激愤，来势汹涌，于当日下午2时，将被捕者全部释放。游行队伍占据了马路，反动军警又继续打人捕人。各处演讲队闻南京路大批逮捕学生，于是集中到南京路四大公司附近，高呼："释放逮捕学生"、"反对四提案"、"上海是我们的上海"、"打倒帝国主义"等口号。这时老闸捕房又拘捕了100多人，学生闻之大愤，号召大家一齐涌到老闸捕房门前，要求立即释放一切学生和市民。到3点45分钟，有一西捕朝天空开了一枪，印捕即对准示威群众平放了一排枪，当时血肉横飞，秩序大乱。这一日计被杀害者13人，负重伤和轻伤者无算，何秉彝同学当场中弹，倒地而死。

据当时与何秉彝一起行动的上大同学说："何秉彝在南京路演讲，慷慨陈词，历数各帝国主义之蛮横无理及毁灭人权诸罪恶，听者咸为泣下……何君演说正烈，声色俱厉，不意于群众鼓掌声中，怦然一声，而此少年英雄，遂尔中弹倒地。君中弹后，口中犹呼'打倒帝国主义，中华民族解放万岁'。"

当时于达同学受重伤，弹掠膝盖。至于在演讲时遭到警棍打伤、踢伤，受伤后又被捕者有赵治人、郭肇唐、方山、杨一达等13人。

据《上大五卅特刊》调查股报告，"五卅"当天上大学生被拘于南京路巡捕房，因人满而被驱逐出捕房有130余人。

为回答帝国主义此种暴行，中央决定于次日将这反帝斗争扩大到各业各界，去结成反帝的联合战线，并号召工人罢工、学生罢课、商人罢市，以推动全市及各地一致起来反对帝国主义的暴行。

5月31日，上大学生会为把惨案真相报告全国，要求各界人民一致起来奋斗，发出了通电："万急，五月三十日上海各校学生在南京路一带演讲，意在引起国人注意，并无越轨行动。不料巡捕开枪轰击，惨死多人，受伤及被捕者不计其数，本校何秉彝，亦被枪杀。前昨两日工商界人士及学生续遭惨毙者，为数益众。本校决于六月一日起实行罢课，誓达惩凶雪耻之目的，还望全国各界一致响应，实所至盼，特此电闻。"（《民国日报》1925年6月3日）

这天上午上大学生在校整理队伍，下午继续出发到南京路石路口一带演讲，散发传单。帝国主义者不知悔祸，又逮捕同学 60 余人，内有女同学 5 人，捕进捕房后略加讯问，又随即释出。

"五卅"屠杀事件和不断镇压逮捕工人学生激起了上海工人的愤恨，罢工斗争的行动风起云涌。中共鉴于革命形势的发展，认为对上海工人运动必须建立统一领导。当时在蔡和森、瞿秋白同志的亲自指导下，决定于 5 月 31 日夜间召集各个产业工会的联席会，会上通过成立上海总工会。该会发出第一道命令，宣布于 6 月 1 日全上海工人举行总罢工。

在全市工人罢工过程中，据不完全统计，到 6 月 5 日参加上海总工会的已有 170 多个工会，罢工人数已达 20 余万人，完全在上总指挥下一致行动。以后又发展到各个产业部门。这次总罢工推动了全上海商人罢市、学生罢课，有半数华捕亦相率罢岗，由此形成了反对帝国主义的高潮。

上海人民在中共组织的行动委员会的领导下，每天有成千成万的男女工人、学生到南京路附近游行示威，帝国主义及其走狗又疯狂地逮捕、殴打工人和学生，同学罗总纲、刘从文、方山、马会云于 31 日又被打伤，拖入捕房。这时候，南京路已进入特别警戒，警探密布。中午前后，大风骤雨，这批宣传战士衣衫尽湿，但毫不退避，继续深入到店铺、里弄中进行工作，动员各街道的商店职员参加罢市。

6月1日，上大学生响应上级号召，宣布罢课，接着全市有5万多学生先后参加总罢课。同学们臂缠黑纱，对死难烈士表示哀悼。罢课后，立即组织全校临时委员会，分为5个股进行工作。决定自即日起全校师生员工一致蔬食，节省膳费，以救济伤亡工友家属。

上大临时委员会将全校学生分别编队，分配到沪西、沪东、浦东和各水陆码头、各街道里弄进行扩大宣传。同时选择一批学生编成短小精干的三人小组冲破封锁，进入到南京路、福州路、浙江路一带从事斗争。到上午10点钟，西捕、印捕、万国商团在南京路用自来水扫射集会群众。11时又开枪打人，又有不少伤亡。

这天上大与文治大学教职工发起组织"上海各学校教职员联合会"，建立统一领导，参加一致行动。下午4时，经过各业工人和学生的动员，各马路商界联合会开会通过于6月1日开始举行罢市，可是上海市总商会却表示反对。工人与学生闻讯，一齐拥到天后宫总商会开群众大会，大会一致决议实行总罢市，要求总商会立刻签字。经过反复苦斗，在群众的威力下，总商会才不得不在总罢市的命令上签字。

这一天上大学生会召集有关团体开会为何烈士治丧。

何烈士遗体停在南码头救生局，由上大学生会、四川同乡会、旅沪四川彭县同乡会、社会科学读书会共同组织何秉彝烈士治丧委员会，决议将何君遗体移置于四川会馆，移殡之日举行公祭。

6月3日公共租界全部戒严，同学们照常出动到爱多亚路（今延安东路）上，看见许多荷枪实弹的军警在布防，主要路口都有铁甲炮车拦断交通，宣传队无法通过，乃改在西门、南市一带示威，号召市民起来，反对帝国主义者在小沙渡及杨树浦枪杀罢工工人。下午，全体师生参加了西门体育场的市民大会，"到会群众约有5万人，大会主席为市学生联合会的代表刘一清同学。他就几天来帝国主义及其走狗逮捕屠杀工人和学生情况，以及全市举行罢工、罢市、罢课的经过作了报告，声泪俱下，听众莫不动容。大会通过宣言并举行游行示威，上大学生臂缠黑纱，参加了这空前未有的、规模巨大而又极为整齐的示威游行。"（《大陆报》6月4日）

6月4日，上海大学被英美帝国主义者武装占领。

6月5日，上大全体教工学生在老西门女校开会，由陈望道任主席。会上报告了母校被占经过，并推陈望道起草宣言，季忠琢、韩阳初起草致江苏交涉员公函，呼吁向外人交涉，要求启封、赔偿损失并道歉。

6月6日，全校师生假小西门少年宣讲团开大会，由于右任主持。他说：本校虽遭恶劣势力的压迫，我们并不灰心，要求大家继续努力斗争……接着韩觉民、贺威圣报告校部自被占以来的工作情况。当即决定，一、组织上大临时委员会选教职三人、学生四人为委员，结果韩觉民、侯绍裘、秦治安、朱义权、贺威圣等7人当选。下分5股，即日分头进行工作。

6月7日上大临时委员会开会，由朱义权主持。会议决定：一、继续参加五卅运动的宣传募捐工作；二、营救被捕同学；三、出版《上大五卅特刊》；四、募捐建校经费；五、租赁房屋为学生寄宿；六、再次发表宣言反对帝国主义占领校舍；七、调查被捕同学及被占领校舍时所受到的损失。

6月8日，租定临时校舍于西门方斜路新东安里18号，校部与学生会即日移入办公。午后在勤业女子师范学校开全体大会，决定全校进行募捐，拟于宋公园建筑校舍。与此同时，为响应全国学生总会号召，决定组织八路宣传队向各省市扩大宣传。朱义权派往沪杭甬一线，钟复光派往长江流域，旨在宣传"五卅"惨案真相，号召全国人民一致抵抗，并进行募捐，援助罢工工人以及抚恤死伤家庭之用。

……

6月11日，北洋军阀政府派专员到沪调查。工商学联合会召开市民大会，参加者20万人并举行游行示威，上大师生踊跃参加，精神比之前更为焕发。

晚上9点钟，会审公堂研究五卅运动之迅速发展，对"租界诸多不利"，宣布所捕学生全部释放。上大被捕同学回到临时办事处时，大家见面后，欢迎的掌声不绝于耳。

6月13日，汉口英帝国主义军队登陆，用机关枪向群众扫射，伤亡惨重。消息传来，同学们不胜悲愤，一面通电全国，誓死反抗，一面向上海学联提议动员各校不放暑假，组织学生深入到各地群众中去，把运动推向前进。

……

6月15日，上大学生会致电武昌市学生联合会转武汉各学校暨各界人士，内称："尤日贵埠学生、工人又被残杀无算，同人警痛之全，益见吾民今后舍拼死奋斗、根本铲除帝国主义，实无其它自存之道，特电唁慰，并希努力进攻，勿稍馁却。"

6月17日，《上大五卅特刊》出版。

6月20日，工商学联合会20余人在西门黄家阙路立达中学开会，决定派林钧、李立三、邬志豪（福建路商会主席）等三人往谒虞洽卿，促其撤销关于复市的决议。

是日，上大临时委员会召开全体会议，筹备暑期工作计划，并推选朱义权、张崇德、陶维、彭习梅、郭肇唐、方山、吕全贞、方卓、江化祥、姚天羽、马凌山、蔡鸿烈等为暑期中的负责专员。又因近来外交形势日趋险恶，国民对于政府外交进行非切实监督不可，上大决定加入上海各团体发起之外交监督会。

下午2时，学生1 000人及工人100人在公共体育场开会，刘一清担任主席，提出以下五点讨论，得到群众一致拥护。即：一、救济汉口遭受英人杀害的同胞；二、反对商会所提之十三条；三、通电全国，斥责商会之卖国行为；四、电请北京政府将办事不力之特派员、交涉员撤职；五、电请北京将市商会主席及副主席褫夺公权，并将其财产充公，供罢工工人之用。（上海公共租界工部局《警务日报》6月21日）

……

6月23日，广州沙基惨案发生，英帝国主义用机枪扫射游行群众，死伤数百人。上大学生会闻讯除通电全国促大家誓死力争外，并电广州革命政府宣布与英帝国主义绝交，建议武力收回沙面，实行对英宣战。

……

上大学生自从参加总罢课以后，同学们在党的领导下，将全部力量投入运动，面对帝国主义的强暴措施——逮捕、屠杀、占领学校——不但没有表示畏缩、退却，相反斗志越来越坚强。这种精神在青年学生中起到了一定的作用，他们日夜致力于宣传、募捐、抵制日货、检查日货，到罢工工人中去，到罢市的店职员中去，到各界团体中去，传达执行党的提示，团结群众坚决斗争。

这时候，帝国主义的军警、暗探、商团虽然在租界边上加强封锁警戒，在租界内采取疯狂逮捕与屠杀，但同学们仍想尽办法进行活动，常常采取分头出发，定时集中，爆竹一放，大家聚拢，讲的讲，发（传单）的发，写（标语）的写，估计敌人将要到来，就立即迅速转移。采取这样的战术，使敌人陷于被动应付，而我们的小型队伍则主动出击，收效颇大。在斗争过程中，大家开始意识到与蛮横的帝国主义者作坚决斗争，就要文对文、武对武，工人武装纠察队在斗争中所起的作用就是个榜样。市学联一提到要组织学生军，上大同学表示热烈响应，很快组成了上大学生军，并进行军事教育，动员黄绍耿等同学自备旅费到张家口去参加暑期学生军讲习所训练。总之，上大同学反帝反封建的斗争意志，是非常坚定的，斗争的情绪是非常之旺盛的。在五卅运动中，不管经常工作或者新的战斗任务到来，同学们总是争先恐后，积极参加。

（十五）上大学生在五卅运动中伤亡及被捕者一览

（A）死亡一人

何秉彝，5月30日，弹由背入，31日下午死于仁济医院。

（B）受伤人数（被调查股报告）

姓名	时间	伤情	备　注
于　达	5月30日	弹掠膝盖	现未愈
赵治人	5月30日	重伤未愈	在南京路被击
郭肇唐	5月30日	轻伤已愈	在南京路被棍打伤
吴稽天	5月30日	同上	同上
吴　瑜	5月30日	同上	在先施公司门前被打
罗总纲	5月31日	同上	在南京路被打了二次
刘从文	5月31日	同上	在南京路上
杨一达	5月31日	重伤未愈	棍伤脑部
姜礼达	5月31日	轻伤已愈	在南京路被棍打
方　山	5月31日	轻伤	在南京路调查被捕打
马会云	5月31日	轻伤	在南京路上被踢伤
谢秉琼	6月4日	轻伤	被西捕棍打
汪惟勗	6月4日	轻伤	被美海军强占学校时挨打

（C）被捕人数

姓名	时间	被拘情形	备　注
朱义权	5月24日	追悼顾正红，被普陀捕房所拘	5月30日交保金百元释放
韩步先	同上	同上	同上
赵震寰	同上	同上	同上
江锦维	同上	同上	5月30日交保释放
瞿景白	5月30日	在南京路被捕	押老闸捕房
杨恩圣	同上	同上	同上
王宁春	同上	同上	同上
蔡鸿烈	同上	在南京路演讲	于6月2日铺保交百元释放
董儒京	同上	同上	同上
符育英	同上	同上	于5月31日交保金5元
黎　白	同上	同上	同上
黎伯光	同上	同上	同上
尹敦抬	同上	同上	同上
郑则龙	同上	同上	同上
王国钧	同上	同上	同上
黎元撰	同上	同上	同上

姓名	时间	被拘情形	备　注
沈起英	同上	在南京路演讲，关在老闸捕房	6月2日交保金5元，宣判无罪
安剑平	同上	同上	同上
梁郁华	同上	同上	同上
张以民	同上	同上	同上
朱鹄鸣	同上	同上	同上
周文在	同上	同上	同上
张书德	同上	同上	同上
林树江	同上	同上	同上
陈庆翰	5月30日	在南京路演讲，被拘老闸捕房	因被捕太多，被打一顿后释放
张先梅	同上	同上	当日释放
毛钟骅	同上	同上	讯问后关了5小时释放
黄　乱	同上	同上	同上
丁　郁	同上	同上	同上
崔小立	同上	同上	同上
李葆真	同上	同上	捕后一小时释出
钟复光	同上	同上	同上
丁镜媚	同上	同上	同上

姓名	时间	被拘情形	备　　注
沈淑班	同上	同上	同上
蔡鸿生	同上	同上	同上
李霭白	同上	同上	与瞿景白同时释放
陈铁梅	同上	同上	
洪世华	同上	同上	5 月 31 日释出

（以上见自革命纪念馆 A—441，《上大五卅特刊》1925 年 6 月 15 日，第 4 版）

注：5 月 30 日被拘捕于南京路老闸捕房的，因人满当时即驱逐出来者有 130 余人。5 月 31 日被捕于当时即释放者有 60 余人。

（十六）《上大五卅特刊》

"五卅"惨案发生后，帝国主义为控制群众运动的发展，一面加紧动员海军陆战队军登岸，调遣商团、警探所有武装力量在租界边沿实行军事戒严封锁，与北洋军阀协同镇压、屠杀罢工工人；一面进行舆论封锁，一度被收买的《申报》《新闻报》竟登出帝国主义御办的《诚言》报的广告，不许上海各报刊刊登五卅运动的消息，否则封闭报馆，禁止报纸发行。敌人采取这种措施，对运动的开展确实增加了不少困难。中共针对这种局面，除了加强罢工、罢市、罢课斗争和深入发动群众广泛开展反帝外，坚持《向导》《中国青年》《热血日报》等报刊的出版发行，加强策略路线的领导。同时动员各群众团体印发小报、小册子及多种宣传品，以揭露帝国主义及其走狗的阴谋诡计与残暴行为。

上海大学学生会为适应形势发展需要，决定出版《上大五卅特刊》。这份特刊是学生会宣传股编印发行的，于1925年6月17日出版。其目的要求在发刊词中表明：一、以同学研究与活动之所为，说明五卅运动正确之意义，并纠正部分国人之谬误观念。二、要以五卅运动中同学之努力与贡献报告给社会。三、要以同学此次参加五卅运动之史实留为母校永久的纪念并以勉励将来。

特刊第一期中对同学们明确指出五条要求，作为开展这一运动和如何争取斗争胜利的意见，即：

一、我们要知道各帝国主义者侵略殖民地，是一致的。……这次日人惨杀华工，英捕枪毙上海市民，我们在一时的策略上，对于英日帝国主义者，固然十分攻击，而对于美国、法国不应放松，更不当表示好感，何况美国水兵任意枪杀杨树浦市民，法国强迫承认金佛郎案，更是事实昭然。

二、我们反对帝国主义，并不是盲目的排外，我们要联合被帝国主义者所压迫的各弱小民族，我们更要拉拢各帝国主义者国内的劲敌——被压迫阶级。

三、我们的国民运动与帝国主义者是势不两立的。

四、这种反帝国主义的国民运动，是完全要自身的力量来对抗的，所以我们应重团体的组织，尤其是革命主力军——工人团体。如果仅仅依赖段执政所特派的几个官僚，这不但是不济事，而且将使军阀官僚的劫夺，便于借口。

五、我们要认清惩凶道歉，这是一时交涉的事，并不是和平了结的事。我们要把反帝国主义的意义，愈加明显，反对帝国主义运动，要继续扩大。

这些策略思想，在运动发展中证明是正确的。

这特刊出版后，《民国日报》作了以下介绍："这份特刊是五卅惨剧中受伤最重的上海大学同学们本其平日研究社会科学及从事社会活动所积累的知识，对于此次惨剧，用历史的眼光，为彻底之评论的一种重要刊物。"

此外，《民国日报》副刊"觉悟"给这份特刊以很高的评价："因这次南京路上惨剧应时而产生的刊物，不知多少，然而真能以科学方法来讨论的，却又不多见，大半都是就事论事，注重主观的视察，所以议论纷纷，找不着一个共同点，找不着一个正确的答复。"《上大五卅特刊》启事中说："它是根据社会科学的原理，解释五卅运动之真正的意义，说明五卅运动客观上之必然的原因与结果；同时也是将他们平素所学对于社会的一点贡献。离开民族运动的观点，而要求这个运动的解答，将永不知道究竟。这刊物也就根据了这点而立论，避去了外交的和法律的空谈，因为这不是弱小民族所可享受的权利。"

从这特刊广告中看到已出到第8期，我们抄到的只有4、5、6期的三个目录，而无正本。

在这三期目录中有：《我们底战斗方略》《"五卅"事件与国际反帝国主义运动的意义》《中国学生在民族革命中的地位与任务》《五卅运动与废除一切不平等条约》《国人须注意口蜜腹剑之帝国主义》等指导性的文章，有介绍《广州六月廿三日沙面酿祸之真相》，有驳斥国社党张东荪和斥责污蔑五卅运动的国家主义派的文章，也有上海大学师生参加行动的经验介绍。

这份特刊在五卅运动中是起了它应有的作用。为使普遍发行，每期只卖铜元一枚。

除此之外，上大还刊发《五卅潮》三日刊，它是专门对外报导上海和各地五卅运动消息的。

（十七）帝国主义武装占据上海大学

由于上海大学在五卅运动中起了一定的作用，帝国主义者认为:"上海大学是一个新近建立的'布尔什维克'机构"(美国驻沪总领事克宁汉致国务卿电),"上海大学为煽乱与布尔什维克研究之根源,上海罢工运动殆全为彼等所布置"("五卅"会审公堂记录总捕头李夫之供词),因此视上大为眼中钉,必须拔去而后快。

6月4日8时20分,上大同学组织的"五卅"工作队正预备出发,突然有西捕三人、华捕一人进校,探察一遍,即忽忽离校。过了20分钟,忽然开来卡车十数辆,车内载西捕、水兵、商团六七十人,荷枪实弹,如临大敌,西摩路口、爱文义路(今北京西路),静安寺路(今南京西路)两边都有商团警戒,并有特种巡捕与骑兵来往巡逻,在校门口架设机枪数挺。军事部署完毕,军警很凶恶地闯入校内,将所有住校职工及男女学生1 000余人,通通驱至阅报室门口的空地上,水兵持枪对准学生并强迫每人高举双手,全身搜查,稍不顺意或举手稍迟缓者,便任意在头上或胸部举棍乱打。当时负伤者即有七八人。搜身完毕,他们又冲入宿舍和办公室,翻箱倒箧,胡作妄为,室内书籍用具多被打坏。水兵在寝室搜查铺盖时,提心吊胆,手脚发颤,怀疑藏有手枪炸弹,见书中有马克思、列宁相片,恨之入骨,随手撕毁。华捕则掠取学生手表、钱币、自来水笔和仪器。他们的意图是搜查军火,结果一无所获。于是用枪刺勒令教工学

74

生限 10 分钟之内（除被拘留之韩阳初、张士韵等数十人外）一律离开学校，不许携带衣物行李。至此，第一院、二院及中学部均被占领，并即移交美舰——比古固多号（企鹅号）登陆部队作为营房。

据《民国日报》载："教工学生离校后，校部即登报通知学生到西门方斜路新东安里临时办事处报到，但截至昨晚（九日）止，报到的人数只占五分之三有奇……昨日下午，忽发现上大校舍之美国海军陆战队从校中抬出女尸一具……"

如此庄严尊贵之高等学校，一时竟成强盗劫掠的场所，逼使全校教工学生走上街头流离失所。稍有血性者闻之，莫不义愤填膺。

帝国主义为什么要搜查与占领上海大学，据《字林西报》载："上海大学是一所由国民党津贴的大学，是宣传共产主义的著名温床……被查抄是由于政治倾向……在西摩路附近，需要一所营房，上海大学是最理想的住所，于是派武装部队来占据，用以防御抵抗……此外没有别的理由……"这是什么理由？这是自欺欺人的理由。这是帝国主义者蛮横无耻的理由。许多空着的房子不占为营房，在中国人民身上搜刮来的血汗亦不拿去建筑营房，而偏偏要占据高等学校的校舍作为营房。不迟不早要在此设置营房，而偏偏在第一次搜查以后和五卅运动蓬勃开展的时候来建立营房。即便要上大校舍作为营房之用，理应事前联系商量办理，为什么要调动全副武装军警探捕分兵包围，突然袭击，闯入校内，强迫检查？为什么要破坏学校设备，乱翻乱抢？为什么要拘留学生和驱逐学生限时出校？老实说，这是帝国主义在中国人民反帝斗争中极其虚弱的惊慌失措的行为，这是敌人在伟大运动中企图扼杀上大革命活动的蠢笨行为。

很显然，帝国主义者企图用武装解散上大，使全校师生不敢继续参加革命运动，以便社会人士对上大有所戒惧。他们这种想法是很幼稚的，而且是很陈旧的，也是很卑鄙的做法。他们这么做只有激起上大师生的无比愤怒，增加坚持斗争到底的决心，他们在英勇斗争中能够取得各界人民的更多同情援助。

为组织全校战斗力量，在母校被摧残的第二天，校部即于西门勤业女子师范学校建立上大临时办公处，校务长韩觉民当即召集紧急会议，决定：一面报告江苏交涉署请为提出抗议，迅速撤军，恢复学校；一面拟请常年法律顾问向捕房诘问。致交涉署函云："请执事速向该加害之当事严重交涉，立饬将该兵等撤退，赔偿敝校一切损失，并向敝校登报道歉，以申公理而维主权。"（《民国日报》1925 年 6 月 11 日）

接着又通过了上大教工宣言和上大学生会通电。教工宣言中郑重地指出："凡本大学以前所受的搜查判决，全系恃势压服反乎实情，本大学所主张打倒帝国主义，完全基于自由思想结果、民族图存的必需，并非受任何特殊主义的影响；本大学永远认为强权不就是公理，凡为学术思想起见，无论如何的淫威来压迫自由，如何黑暗来侵袭独立……断然师生合作一起，努力与抗，决不退让。"

上大学生会为反对封闭母校致全国各界同胞电称："今晨九时，英捕率同大队商团暨海军荷枪实弹，包围敝校，大肆搜索，行同寇盗。并将同学箱笼铺盖，抛弃门外，勒逼同学于十分钟内一律出校，不许逗留，因之学校暨学生均受绝大损失。似此凶暴无理之行为，横施于各国领土之内，实为吾民族之奇耻大辱。除向交涉员报告，请其提出严重抗议，并要求赔偿损失外，谨希全国同胞，一致奋起，以与帝国主义相周旋。临电不胜痛愤之至。"

这时候，学生会为重整旗鼓，继续战斗，暂借南市沪军营亚东医科大学为办公地点，集结与指挥学生继续参加"五卅"这一伟大的运动。复旦大学、同德医科专门学校、中国教师救国互助社、全国学生总会、上海学生联合会以及各社会团体和爱国人士纷纷前来慰问，并表示抗议。上海《热血日报》《民国日报》《申报》《大晚报》等有的表示同情援助，有的对帝国主义的暴行加以猛烈的抨击。远东通讯社、东南社、中国新闻社等亦如实向各地发表揭露敌人暴行的报导，给上大师生很大的鼓舞。

上大师生认为这个打击是给自己一个考验，大家更加明了帝国主义及其走狗对中国人民的压迫一天比一天残暴，如不加紧动员全国人民，下定最大的决心去打退他们猖狂的进攻，我们的反帝运动就不能继续向前开展。因此，同学们不但没有因这次打击而心怀畏缩，相反，斗争勇气，加倍增长。

（十八）上大学生参加上海工人三次武装起义

1926 年夏秋，南方革命势力逐步发展到长江流域，当北伐军第二军、第六军占领江西以后，迅速分兵向浙江、安徽挺进。上海工人为响应胜利的进军，于 1926 年 10 月和 1927 年 2 月举行了两次武装起义。到北伐军逼近上海时，党中央认为起义条件完全成熟，决定于 3 月 21 日发动上海工人总同盟罢工，上海数十万工人和青年学生，经过两天一夜的激烈战斗，打败了北洋军阀的部队，推翻了反动的统治，占领了上海。

在三次武装起义中，上大学生表现积极勇敢，在斗争中作了如下活动：

北伐军逼近武汉时，孙传芳亦屡次失利，革命声势震撼淞沪。上海市民积极推行自治运动，浙江夏超一宣布独立，更使人精神振奋。上大学生在市内和近郊积极宣传响应北伐军的行动，努力参加召开国民会议的呼吁。当攻占汉口的消息传来，上大以非基督教同盟的名义致电祝捷，其电文刊于《民国日报》1926年9月18日，内云：

义师北伐以讨逆吴，救人民于水深火热之中，挽国权于一发千钧之际。方今武汉克服，吴逆逃亡，捷电传达，曷胜欣慰。惟冀乘此时机，努力前进，扫除一切反动军阀，底定中原，实践孙先生遗嘱。尤望于最近时期召集国民会议，废除不平等条约，俾我国权庶可光复，人民痛苦于期解脱，国家幸甚，人民幸甚！

从此可知上大学生的努力方向。

10月16日，浙江省长夏超宣布向国民政府投诚，声称派兵进驻淞沪。这时孙军调离上海，防备比前空虚，人民受北伐胜利的激荡，工人群众在黑暗统治下时刻都在反抗，一般市民苦于战争负担和压迫亦非常愤激，甚至民族资本家也想乘机倒孙。在这有利形势下，上海党积极组织工人、武装工人。上大部分学生尤其平时与工人有密切联系的同志，更隐秘更积极地参加各项工作。有一个晚上，在上大召开了一次上海的干部会议，赵世炎作了准备武装暴动的报告，并指示上大及各进步学校要加紧宣传工作，展开各工人区的武装组织活动。会议派遣高尔柏到各区与国民党组织建立联系，准备随时行动；派杨贤江从海路经宁波到杭州找北伐军联系。

当时因误传孙传芳军队被夏超打败了，仓猝决定于10月23日半夜举行暴动。因准备不足，敌人的地方保安队和警察力量还可以维持局面，而我们只有少数党员和100多人的武装队伍，既无统一的起义计划，又无统一的指挥，仅在个别地区与警察发生冲突，结果起义没有成功，被捕百余人、被杀十余人。

第一次起义虽告失败，但革命基本力量并没有损失，反动统治仍在风雨飘摇之中，北伐胜利的消息又经常鼓舞上海人民的自治运动。因此，上海工人秘密组织第二次武装起义，上大与其他学校学生更加紧公开和秘密的活动，使得反动军警又怕又恨，于是更疯狂地逮捕和残杀人民。11月11日，上大学生在闸北各马路进行宣传工作，被驻防陆军第三营士兵和岗警抓去，张传薪、徐和云、张楠、任作浦、陈炳炎等被解入驻军司令部。在起义的前几天，上大留守同学50余人全体被捕。（见施

英:《上海工人第二次暴动》)

全国学生总会、上海学生联合会，为营救被捕学生特派代表林钧等邀请各界人士出面呼吁释放学生，上大各群众团体，如陕西、广东、四川同乡会，浙江同学会，湘社等纷纷提出抗议，并要求同乡亲友发动援助。各同乡会致上海各商界总联合会函称：

> 此次上海学生为爱国运动被当局拘捕，困居狱中，痛苦万状。素仰先生爱国心热，又得各界之援助，闻有具保释放之希望，今派代表毛一堃、孟芳洲、艾纪武三名，肃函造贵会接洽，并面陈一切，万望劳驾前往军法处设法保释，得脱囚门，各同乡会幸甚，各同胞幸甚。（《申报》1926 年 11 月 18 日）

经过各方面的努力，同学们陆续安全回校，但他们并不害怕严查究办、"格杀勿论"的禁令，稍事休息，又投入战斗。

当杭州方面的北伐军到了松江，南京方面的北伐军到达常州的时候，党号召上海工人加紧准备实行总同盟罢工，举行第三次武装起义。

在发出这庄严号召之前，上海工人和市民并不以前两次遭受白色恐怖而潜伏不动，而是及时总结了前两次斗争经验，踏踏实实地有计划有系统地进行起义的准备，按照党的指示，在党和团的支部中，在工会、学生会、市民代表会的各个组织系统中，展开群众工作，特别是加强工人纠察队的组织并进行武装训练，以便随时受命行动。

当时，上海大学本身也秘密组织了学生军，建立了军事委员会，由何洛、张树德等5人组成，何洛负主要责任，进行策划参加起义工作。

3月20日晚，北伐军逼近龙华，上海工人为夺取军阀毕庶澄的武装，推翻反动统治，党决定于3月21日正午12时，由上海总工会下令全市工人举行总同盟罢工，而上海工人第三次武装起义也同时开始。

这时候，上海临时市民代表会议亦决定发动全市总同盟罢课，各校立刻响应，上大也不例外。罢课后，即刻按照原定计划，将全校学生分配到各区的工人武装队伍和学生工作队中。

总同盟罢课一发动，工人纷纷出厂，涌现到各街边上来，工人纠察队按原定进攻目标，集结在各级指挥人周围，分头向兵营、警察署、警察分局攻打。巷战开始了，枪炮声，爆竹声，敲打火油桶声，群众高呼口号声，震动全市。工人纠察队在各区打局子，打得他们落花流水，当缴获了敌人武装，军警跪地向人民投降的消息传来，更加激起各个战斗队伍的勇气，广大的工人、学生、市民涌到闸北地区的越来越多。全城的反动军警都陷在人民的包围圈中。

上大学生在第三次起义中，几乎全部出动，主要骨干在起义前都到各个区的党委中领受了分配的工作。闸北是由郭伯和指挥全面工作，顾作霖在沪东杨树浦一带和整个沪东担任指挥，还有赵希仁、沈仲宇、刘培云、何大同等则分配到各区担任团委书记，在战斗中都起了作用。现将当时各区活动情况简单介绍如下：

在闸北方面，这个区域是反动军阀的首脑机关所在地，军警密集。此次暴动未发动前，上大有部分学生和教职员即分别潜伏于闸北宝山路及东横浜桥、青云路桥、天通庵桥一带，伺机发难。迨暴动令一下，上大学生当即分队向各处出发，与工人纠察队合攻天通庵车站和商务印书馆俱乐部的奉鲁军。

东横浜路方面是淞沪火车必经之地，在暴动以前，该校学生已在该路东首大奥坊景贤女子中学内设立欢迎北伐军筹备处，内分：慰劳队、宣传队、纠察队、救护队等5队。救护队由景贤女校（由侯绍裘长校，从松江移此）学生充任，臂上各缠红布，书有景贤女校救护队字样，形式颇为庄严。上大学生都臂缠红布，上书"上大学生军"字样，很是醒目。迨至事发，上大学生即在东横浜路协同工人纠察队持枪把守。未及一小时，留在北站之奉军有两列车开来，该校学生迅即埋伏弄口，指挥工人向奉鲁军开枪，奉鲁军亦在车内还击约数分钟，火车向江湾疾驶逃去。上大学生为截留北站奉鲁军辎重及防止吴淞敌人进犯起见，即率同站在该路附近的铁路工人将路轨拆去三节，又将通往江湾的电线杆砍断，绝其消息。到下午4时许，果有吴淞开来兵车十余节在该处出轨，不能前进。当时，因奉鲁军不明真相，即在车内向各方开枪，一时枪弹横飞，附近居民咸向北四川路、青云路方面逃避。据上大办事人员冯君报告：该车由江湾站出发时，伊适由江湾乘汽车来沪，因两车路线相隔不远，故对于车内情形视之甚详。当时见由吴淞开来敌军共十余辆，车内所载士兵为数虽难计算，但至少当有五六百人，士兵各执快枪，枪口半露车窗之外，形势极为严重。车之首尾两段皆有铁甲装备，车中各置机枪多挺，枪身拖有弹带作预备放状。中段三等车中，人数较少，料即该军军官所乘者。车内入口处放有银箱七八具。因路轨已断，经一二分钟后，该车车尾在天通庵停住不能开动，使敌军陷于孤立挨打。

在虬江路及五区方面，上大学生与工人纠察队在五区收获枪械。在虬江路及前线冲锋者，有上大学生龙树、郭伯和、张树德等十余人，获枪弹、水壶等战利品不少。

在北火车站方面，上大学生参加前线作战，计获 4 生的迫击炮弹、快枪、手枪甚多云。（《时报》1927 年 3 月 26 日）

在沪东杨树浦和浦东方面，参加指挥工人行动的是顾作霖。他在暴动之前，组织了浦东工人宣传队、救护队、纠察队，各厂都选出了大队长。在英美烟厂的女工中，组织了锄头队、斧头队、剪刀队、救护队、交通队等，顾作霖领导大家开会，要大家时刻准备好，听候消息，又要求买了爆竹及火油箱等。命令一来，顾作霖首先在杨树浦地段发动公共租界的电车工人罢工，使全部电车停止行驶。在敌人严密封锁的情况下，他又突破重重障碍，亲自跑到各工厂单位去传达上级"立刻发动武装暴动的命令"。上大学生和工人纠察队攻打四区的局子，队长是沈金生，局子打开了，巡官被沈金生一斧头砍死了，警察都四散逃命。大家一出马就打了个胜仗，缴到四五十支枪。之后，又有分头去攻打新泾、塘桥的局子，枪支缴到好几百……

由于工人武装起义与北伐军进兵结合得很好，再加起义前大量组织了工人的武装队伍，恰当地选择了时机，特别是在总同盟罢工的命令颁布后，各产业工人广泛地组织起来参加战斗，使敌人在惊涛骇浪中吓破了胆，由拼命挣扎到最后打起白旗向人民投降。党领导的第三次起义因此取得胜利了。

在整个战斗过程中，上大学生服从命令听指挥，始终与工人武装和全市人民在一起行动。结束战斗以后，仍然与各产业工人一起，建立了工人自己的工会，发展工人武装纠察队进行军事教育，维持社会秩序。在工作进程中，选择工人先进分子，介绍他们入党，建立工厂党支部，为工人阶级利益、为民族解放事业做出了一些贡献。

把上海的反动统治打倒后，中共上海地委立即指示召开上海市民代表大会。1927年3月22日上午9时，在九亩地新舞台召开上海市民代表大会第二次会议，到会团体1000多个，到会的各界代表4000余人，会上产生了汪寿华、林钧、何洛等19人为上海特别市临时政府委员会委员。会上，汪寿华临时动议敦请北伐军火速来沪剿灭直鲁军，获得一致通过，并选出林钧等15人为慰劳北伐军代表。

3月23日，召开了上海市民拥护市临时政府暨欢迎北伐军大会。大会由何洛主持，他宣布开会宗旨时说："我们的市政府，是我们民众从长时间中奋斗牺牲所得到的。北伐军由广东出发，奋斗血战，他们是为我们的利益而作战。我们一方面为死者复仇，一方面我们要继续努力创造一个新上海……我们奋斗数年的结果，今天已经打破阴霾，得见青天白日，稍享自由的幸福了。我们这种自由，是过去牺牲了无数头颅、多量的热血换来的，一切侵略我们自由的帝国主义者、军阀、贪官、污吏、土豪、劣绅以及西山会议派，都是我们的对头。我们应继续过去牺牲精神，一切将他们打倒……"（《申报》1927年3月24日）

随着新局面的发展，上大学生的政治任务也比前繁重了。凡在校的师生，根据当前工作都需要积极参加市、区各部门的工作，特别是各产业部门的基层工作。例如，加紧组织各厂工会，扩大上海总工会的基础；组织与训练工人武装纠察队，进行临时市政府行政纲领的宣传；募捐、慰劳北伐军和伤亡工友的家属；发行各种革命书报，如《向导》《中国青年》《新建设》等以及各种革命理论书籍；等等。这时候的上海充满了革命的活力，人民都享受到政治上民主自由的权利，全市人民真是欢天喜地。在闸北、南市的街边上，每天都有高举革命旗帜，庆祝自己工厂工会成立而敲锣打鼓的队伍，他们抬着慰劳品去向市临时政府、市总工会、工人纠察队总指挥部表示祝贺。

上大因为全体师生参加校外工作（有不少同学调到各省各县去开展工作），加上母校迁入江湾，一直到4月初才有部分的课程上课。

（十九）迁入江湾新校舍

过去上大一直没有自己的固定校舍。几年来遭受帝国主义及其走狗的搜查、监视、驱逐、封闭，由青云路搬到西摩路，由租界被驱逐到南市，又由青云路搬到江湾，在短短4年中，搬了5次家，到1927年春才搬入江湾自己的新校舍。

新校舍建筑于江湾镇以西的农村间，由奎照路通到校前的大路，名曰上大路。在开学时，路还没有修好，这时候正是春雨连绵，路上湿滑泥泞，黄包车拉行李走起来很吃力。但同学们一听到开学的消息，仍冒着雨，络绎不绝地搬进学校。

从五卅运动到三次武装起义，上大的影响扩大了，本市、外省来投考或转学的学生比以前更多了。因为校舍有限，搬进去四五百人就把校舍挤满了，迟到的学生只好住在奎照路、军工路、水电路的两侧民房里，有的住在江湾镇上。

由于工作需要，上大的教师和学生骨干调动很多，迁入江湾以后，召开了第一次行政委员会，确定由陈望道为临时主席，刘大白暂行代理学务主任，谢六逸、冯三昧、周由廑等为委员，并决定派陈望道赴宁汉请求承认上海大学为国立大学。

（二十）反对"四一二"大屠杀

上海的城市变为革命人民的城市，引起帝国主义及其走狗蒋介石惶恐不安，各帝国主义调动海军陆战队登岸的有两万余人，并在租界周围耀武扬威，实行全面戒严。

3月30日蒋介石和白崇禧亦宣告戒严，4月9日又宣布特别戒严。他们一致认为革命的上海是帝国主义和反革命势力的威胁，要消除这个威胁则非把上海的工人武装解散不可。蒋介石在各方面布置就绪后，一面说工人中有不轨行为，故意造成紧张空气；一面组织"中华共进会"，指挥流氓伪装工人，袖缠"工"字袭击工人纠察队，工人纠察队遂加以反击。他们即借口"工人内讧"，包围、占领了工人纠察队总指挥部，收缴枪械，枪杀了队员百数十人，并下令取消总工会，查封一切工会和人民革命团体。

这种反革命行为与奉鲁军阀对人民的残杀没有什么两样，当然激起全上海人民的愤恨，上海总工会发布总罢工以示抗议。各厂工人闻讯立即纷纷高举义旗，向闸北东方图书馆集合，以此共同声讨。

上大学生会是在12日下午5时得到消息的，立即敲打校钟，紧急集合全校学生。一位同志简短地报告了"国民党反动派的阴谋和枪杀工人的罪行"后，动员全校学生和职工全部出发，奔赴宝山路东方图书馆——工人武装纠察队总指挥部，参加临时召集的群众大会，反对蒋介石之叛逆行为。同学们徒步疾驰，赶到会场。各区涌进会场的工人都表示万分愤慨，有的先到大会场上听报告，有的争先去哀悼死难烈士。大会就在东方图书馆的空场上，先由工人纠察队总指挥详细报告蒋介石的阴谋破坏和公开屠杀工人的经过，接着周恩来同志报告事变情况与我们努力的方向。到会工友与死难家属莫不失声痛哭。各机关团体各自整理队伍，前往瞻仰烈士遗容，表示哀悼。默悼毕，会上决定于次日（4月13日）上午8时仍在东方图书馆门前集合，追悼被暗杀之市临时政府委员长汪寿华及被缴械时牺牲之死难烈士，然后一齐到国民党革命军司令部去要求启封上海总工会和工人纠察队总指挥部，交还被缴的枪械，惩办凶手，抚恤死难家属等……大会热烈地予以举手通过。

当天晚上，上大学生会又召集紧急会议，决定于明晨8时出发，行动前尽量动员可能参加的民众前往。会后大家都忙于印传单、写标语、写挽联，有的同学到各个工人区去活动。

大家以为发动人民起来抗争可能会得到一定的效果，

哪里知道反革命阵营已接到蒋介石授予司令部的屠杀密令，并且作了全面布置，决心向人民作大规模的屠杀了。

到4月13日清晨，大家按时出动，高举反对白色恐怖的大旗，高呼口号，震动静寂的农村和江湾镇。游行队伍到宝山路口，大家已能看到各条马路都挤满了人群。大约行至横浜桥西面，忽然听到蒋军的机关枪向手无寸铁的人民射击，枪声甚密，闻当场死伤不计其数。各路的人群纷纷向后退却。上大的大队指挥见情势不好，不能继续前进，只好传令就地解散，分别返校。

同学们眼见这些叛逆行为，都感到不是滋味，满腔愤恨，无从发泄，有许多同学从北四川路底转到租界里，用粉笔在墙壁上书写标语，并偷偷地散发身上未发完的传单。

回校后，又听到在市学联工作的郭伯和同学亦遭毒手，更加感到悲痛！

"四一二"以后，上大继续进行了以下政治活动：

一、追悼汪寿华烈士大会：这个大会是由上大同学会筹备的，于4月某日上午9时在青云路空场上召开的。到会群众除上大师生、职工外，另有部分市民和夜校的学生参加。主席宣布开会意义后，有两位同学演讲，并领导到会群众高呼口号后散会。这是"四一二"以后第一次大会。在此之后，许多同学要求到各工人区去参加秘密工作，团结工人和各界人民继续奋斗。

二、上大学生加入反英大同盟并发表宣言，并于4月16日发表宣言，内称："英人素抱帝国野心，屡施强暴政策。五卅而后，视为得计，变本加厉，激进无已，对我民族，妄加宰割，勾结军阀，横行高压，嗾使媚外分子，挟制舆论机关。重庆之余火未已，南京之炮击踵至，复以外交诈术，侵我国土，资本侵略，吸我脂膏。此皆我同胞所痛首，一体同仇者也。敝会同人，愤国权之丧失，公理之沦亡，对于反英大同盟之组合，绝对附从，一致抗拒英帝国主义之武装压迫、经济侵略。尚希诸同胞坚其团结，加入奋斗，以争国权而造民族。"

三、对英帝国主义强蛮搜查上海胶州路大夏大学并殴打学生的行径，于4月15日发表通电以示抗议。电文云："英帝国主义者越界围搜大夏大学，殴伤同胞，捣毁物具，国权丧失，公理荡然，渺视我于斯为极。彼英帝国主义侵略为心，惨横成性，抱其帝国政策，残我中华民族，尚望诸同胞一致电请国民政府严重抗议，以雪奇耻而争国光。是所至叩。"

（二十一）上海大学横遭封闭

"四一二"反革命政变后，革命与反革命两条道路的斗争一天天地剧烈起来。上海大学在敌人心目里是可怕的力量之一，帝国主义和蒋介石方面异口同声说："上海大学是赤色的大本营，是煽动工潮、破坏社会秩序的指挥机关。"因此，指令淞沪路司令部之杨虎、陈群，"严查究办"。

他们"严查究办"的手段，是非常毒辣的，当时同学们都不知道，一直到上大被封之后，才得以知晓。据法南区（中共当时划法租界和南市为一个管理区）区委副书记刘啸甫（上大学生）同志传达说："四一二"事变不久，杨虎、陈群即把注意力放在上大，他们主张调动军队半夜出动，包围上大，采取全部逮捕、一律枪决的办法来对付上大师生。由此可知，帝国主义和他的忠实走狗对上大是刻骨仇恨的。

上大被封闭时的情况是这样的：1927年5月某日（在"五四"之后）的下午2点钟，有学习小组正在教学大楼的三层楼上开会，小组长刚宣布讨论问题和提出这次会议要达到的目的要求时，有一位同学突然从窗口望见从江湾镇开来一支穿灰军装的队伍，肩荷步枪，背插大刀，如临大敌，以急行军的姿态沿奎照路向上大路开来。大家看见大势不好，立刻发出紧急通知，要求教职员工和学生火速离校。因为当时政治局势发生激变，事前也听到一点风声，一有动静，各个都颇为机警，连忙冲出校后边的竹篱门，向麦田里奔跑，跑到四乡去躲避。有些同学绕道到江湾镇上去侦察，看见蒋军一部分是向镇上穿过向西开动，一部分是向上大路开动，两部分合计有1 000多人。部队一到，弄得商家关门，吓得鸡飞狗走。太阳照在雪白的刺刀上，闪闪发光，机关枪，掷弹筒，样样俱全。原来他们是企图分路前进，突然包围，然后冲进校内来收拾同学们的。幸而事先发觉，迅速撤退。但有一两位同学午睡未醒，没有得到通知，有几位校工想离开而又不敢擅离职守，通通被国民党军抓住捆绑起来，听候处理。其中有一位学生项某某曾谈道：蒋军将学校四面包围，机枪架好后，立即派了一排人枪实弹、刀出鞘，闯入校舍，先把没有逃出来的同学和工友集合起来，质问学生和教师的动向。因为问不出什么，于是气愤地把我们用绳子捆绑起来，押送到东楼下扶梯边的一个放杂物的小房间里，不许走动。同时蒋军头子下令搜查，他们把庶务科、注册科、校部办公室、学生宿舍翻箱倒柜，搞得一塌糊涂，搜来搜去搜不出什么军火器械危险物品，于是把各种书籍、期刊、社会科学讲义捆了几大麻袋带去，并且顺手将同学们的钟表、衣服、热水瓶、棉被等包扎起来，把步枪当竹竿，扛抬到江湾镇上，强迫当铺给他们典当。

母校被封后，同学们都失学了，校部办公人也不知下落，因而无法转学，离家远的无法回家，本省本地的同学只好回家听候消息。

约摸两个礼拜以后，有些同学到江湾镇去打听，上海大学竟被改为"国立劳动大学"了。

整理小记

针对这份撰写于 1962 年的未定旧稿，整理者主要做了如下四件工作：其一，理顺了某些不通顺的词句；其二，尽力核校了稿中的引文；其三，调整了个别篇章在全文中的位置。其四，直接改正了个别、明显的舛误。

整理过程中的不足之处，敬请各界批评指正。

马军

2022 年 4 月 2 日

20世纪20年代的上海大学与中国工运

从热血青年到革命指挥
——记从上海大学走出来的郭伯和

沈碧晨

　　郭伯和，又名郭象豫，1900 年生于四川南溪的一个书香门第。他的父亲是前清秀才，教书为生，收入低微致使其家境不好。郭伯和幼年丧母，后来由于父亲续弦，其后妈对待伯和较为苛刻，郭伯和自幼便承担了大量的家庭工作。这样的童年经历培养了郭伯和吃苦耐劳、思维敏捷的个人特点。

　　郭伯和起初拜入张纯武门下学习古文，后来进入县城高等小学，开始崭露头角，学习上成绩蒸蒸向上，在各类活动中也相当活跃。特别是在 1916 年学校为悼念蔡锷将军逝世举行追悼会，郭伯和主持大会，表现得沉着冷静，调度有方，使大会自始至终开得悲愤、激昂，充满了反帝反封建的爱国气氛，深得师生赞许。在中学，郭伯和还与同学自行组织了"四川省立第三中学爱国救亡学生会"，并任该会会长。1922年，郭伯和在两位叔父的支持下来到上海，考入上海大学前身——东南高等专科师范学校。

一、一腔热血进校园

上海大学是国共第一次合作期间共同创办的革命学校，其前身是称为东南高等专科师范学校的一所"经营性学店"，于1922年成立，由于初创人携学生上交的学膳费去日本留学，对学校经营毫无想法，致使学生组织自行要求改组。学生组织自治会，驱逐原校长，邀请国民党人于右任担任校长。1922年10月23日，上海大学正式成立。而到1923年初，在经过了各方协调后，上海大学的改制措施才正式开始。郭伯和进入了上海大学社会学系。

上海大学社会学系的师资力量在当时堪称豪华。于右任虽为校长，但由于其国民党人的身份需要从事政治活动，所以他聘请了共产党人邵力子做副校长，处理学校事务。并成立校董会，请孙中山为名誉校董，蔡元培、汪精卫、李时曾、章太炎、张继、马宝山等二十人为校董。[1] 陈独秀由于身份原因虽未能在上大任职，但他后续派遣了多位共产党人去上海大学任教。上海大学作为一所革命学校，受国共两党共同操办，其进步性是毋庸置疑的。而这恰恰受到了在五四运动中得到锻炼的青年学生的推崇，郭伯和也不例外。

1924 年 10 月 10 日，上海各界在北河南路（今河南北路）天后宫举行纪念辛亥革命 13 周年国民大会，受大会邀请，上海大学派出了黄仁、何秉彝、林钧、郭伯和等 7 人作为代表出席会议。[2] 然而此次会议早已被国民党右派所控制。在会前，郭伯和、黄仁等人散发"打倒一切帝国主义，打倒一切军阀"的传单，而在会上，全国学生职业会总代表郭寿华在演讲中说道"我们应当推翻一切军阀、一切帝国主义"时，突遭国民党右派的阻挠，郭伯和、黄仁等人上主席台评理，随即遭遇大批流氓殴打。黄仁同志在此过程中从主席台上摔下，当即昏迷，急送至医院抢救，最终不治身亡，年仅 20 岁。郭伯

[1] 任武雄：《在帝国主义虎穴中奋斗的先锋队——记上海大学的光辉历史》，《上海党史与党建》1997 年第 5 期，第 33 页。

[2] 胡申生编著：《郭伯和——奋战在上海工人第三次武装起义闸北前线的指挥者》，《从上海大学（1922—1927）走出来的英雄烈士》，上海大学出版社 2020 年版，第 66 页。

和在此次事件中受伤。后来的黄仁同志追悼会中，郭伯和作出了《哭黄仁同志》一诗。这也是他进入上海大学以来，在革命道路上的第一个重大事件。

二、一往无前系工人

郭伯和在上海大学社会学系学习，受到了来自邓中夏、瞿秋白、蔡和森等人的影响，深入学习了马列主义。1924年，郭伯和同李硕勋、余泽鸿等人共同组织了平民世界学社，出版半月刊《平民世界》。10月，郭伯和被推举为上海大学学生会主席。他随同邓中夏等人一起深入上海工人区，为工人夜校编写教材，从事助教工作，并借机发动组织工会，帮助邓中夏等人培养工运骨干。在实际工作中，郭伯和充分发挥了他的社会活动能力、组织能力和文字写作能力，受到了党组织的培养和重视。这一年，他光荣地加入了中国共产党。

1925年2月，上海内外棉八厂爆发了工人罢工。中国共产党分析局势后，觉得这是一个发动群众的好机会，随即决定在此基础上发动全上海日本纱厂罢工，指定邓中夏、刘华等人负责，成立罢工委员会。在这一次大罢工中，郭伯和带领上大学生深入工人住宅区进行宣传，上街游行示威，支持工人的正义斗争。随后，郭伯和还指挥上大学生组织宣传演说，抗议资本家剥削。在这一次大罢工中，郭伯和接触到了工人，接触到了工人运动。这使仍在校学习的郭伯和认识到，除了学生以外，另一支重要的革命队伍——工人的重要力量，这也使其今后的革命生涯与工人交织到了一起。

1925 年 10 月，郭伯和被指派到沪西工业区担任小沙渡地区部委书记，专门从事工人运动。郭伯和在小沙渡地区期间，先后参与了四次小沙渡内外棉纱厂的工人罢工运动。这时的郭伯和还未毕业。郭伯和在任期间，经历了由顾正红惨案引起的五卅惨案，在为期 100 天的五卅罢工中，郭伯和再一次深切体会到了工人的力量，在上海大学多位教职员的带领下，不断地出现在工人运动的前沿。在工作中，郭伯和深入工人居住的棚户区，了解工人的生活情况，和工人交朋友，深受工人的欢迎和爱戴。他也引导着工人走向革命道路，帮助工人组织工会，争取福利，并提高他们的知识水平和他们对革命道路的坚定信念。

三、一朝学成做指挥

1926 年 7 月 1 日，上海大学召开中文系、英文系丙寅级毕业典礼，郭伯和获得上海大学颁发的文学士学位证书。9月8日，经中共上海区委决定，郭伯和升任闸北部委书记。会议记录称："小沙渡，郭伯和很可应付，且最近很吃苦而进步，我意可调任闸北书记。"[1] 郭伯和又挑起了更重的担子。在1927年3月，以周恩来为领导，上海工人发动了第三次武装起义。郭伯和作为闸北部委书记，直接参与并领导了最重要的闸北地区战斗。21日，全市80万工人罢工，郭伯和带领工人纠察队攻下第五区警察署广东街分署、中华新街警察分所、湖州会馆等处。22日他带队攻下天通庵，[2] 并伏歼了从吴淞来的数百名全副武装的军警，起义获得成功。郭伯和在上海第三次工人武装起义中，不负所托地完成了最重要的闸北地区作战。他作战英勇，以至于一人劝降一个警察署。他还带领学生拆毁了铁路轨道，阻止了更多敌人的到来，为上海工人第三次武装起义的成功发挥了极大的作用。1927年4月12日，蒋介石在上海发动反革命政变，郭伯和率队在东方图书馆楼上坚守到次日早晨，因寡不敌众，被迫撤退。

---

[1] 胡申生编著：《郭伯和——奋战在上海工人第三次武装起义闸北前线的指挥者》，《从上海大学（1922—1927）走出来的英雄烈士》，上海大学出版社2020年版，第68页。

[2] 陈胜：《学运领袖郭伯和：踏血前行迎光明》,《宜宾日报》，2021年4月6日。

1927 年 6 月，党中央指示，江浙区委撤销，分别成立"江苏省委"和"浙江省委"。郭伯和任中共江苏省委组织部部长。6 月 26 日下午，江苏省委数位成员在上海市施高塔路恒丰里 104 号楼上开秘密会议时，突遭反动军警包围。为掩护其他同志脱险，郭伯和不顾自身安危，与军警展开搏斗，不幸被捕。[1] 其行动使另两位同志逃脱成功。郭伯和在被审讯中，不受诱惑，严守机密。由于叛徒的多次指正，郭伯和于 7 月 31 日被杀害于龙华，时年 27 岁。

郭伯和作为上海大学第一届的毕业生，在校期间亲身经历了黄仁事件，经历了五卅惨案，工作在工人夜校，奉献于小沙渡工人社区；在毕业后又投身于武装起义，献身于共产党的危难时刻。郭伯和本身便自幼心系革命，上海大学这一所为当时政治势力所影响、在革命中处于风口浪尖的学校，给予其的是千磨万击还坚劲的毅力和对革命的坚定信念。郭伯和在这里从一个一腔热血的学生运动先锋，转变成了一位勇往直前的工人运动指挥者。短短六年，从为追悼黄仁写下"我祝你光荣的死，成为猛烈的导火线，是革命的炸弹早日在赤日光中飞进"的

---

[1] 叶源洪：《龙华烈士孙炳文和郭伯和》，《四川党史》1994 年第 5 期，第 57 页。

愤愤青年，到面对敌人拼死保卫同志、面对屠刀昂首从容就义的龙华烈士，同上海大学的兴衰一起，郭伯和的革命岁月短暂而灿烂。在那个年代里，有许许多多与他一样奋斗奉献的人，是他们的共同努力最终成就了这个民族的复兴。郭伯和与上海大学，以及那千千万万奋斗于革命的人，虽随时光而去，但不曾消逝于人心。

邓中夏在上海大学的宣传教育工作及影响

袁 梦

一、上海大学概况

1922 年 10 月 23 日成立的上海大学（简称"上大"），是在国共两党酝酿合作的大革命背景下，由国民党人和共产党人合作创办的一所大学。最初设在西宝兴路青云路一条叫"青云里"的里弄里，校舍只有十几幢石库门房子，既老又破，设备也很简陋，学生约百来人。

到了 1923 年，邓中夏出任上海大学总务长后，从此"上大"就以马列主义为思想理论基础和行动指南，引导学生深入无产阶级生活，坚定学生无产阶级立场，培养了数以千计的革命和建设人才，迅速发展为知名的"红色学府"。直至 1927 年"四一二"反革命政变后，桂系军阀白崇禧于 6 月 2 日派兵进驻上海大学，武力封闭了这所红色大学。

二、邓中夏在上海大学的工作

（一）抓牢三件大事　锐意革新校务

1923 年，"二七"京汉铁路工人大罢工失败后，中国劳动组合书记部由北京迁回上海。邓中夏随书记部到上海以后，被党调到上海大学主持工作。他担任总务长，主持校务，由此开始，学校的面貌才有所改变。邓中夏那时还只是一个二十七岁的青年人。方正的头上，披着一头乌黑的长发，两只有神的眼睛，射出锐利的光芒。他是一位革命活动家，在办学方面，也同样表现了惊人的魄力与毅力。[1]邓中夏在了解学校全面情况后，紧紧抓住三件大事来做：一是确定教育方针和教学目的；二是改革学校建制，以适应"社会之需求"；三是提高教育

---

[1] 姚天羽：《培养革命干部的洪炉——上海大学》，中共上海市委党史研究室编，《上海党史资料汇编》第一编，上海书店出版社 2018 年版，第132 页。

质量，聘请学有专长的共产党人和著名学者任教。[1]

邓中夏曾在《上大的使命》一文中提道："上大学系虽杂，而各欲以所学从多方面企图建国的目的的完成则一，只此一片耿耿孤忠。"[2] 他认为在这国际紧迫和国内扰乱的时代和环境之中，建国是中国唯一的出路。所以上大的宗旨定为"养成建国人才"这六个大字。通过"促进文化事业"，这是建国方略中应有的而且必要的一种手段。[3] 邓中夏屡次召集教职员详细讨论学校发展规划，决定建筑校舍，增添社会科学院和文艺院。计划共分为三个阶段：截止 1925 年，添办社会科学院中的社会学系和文艺院中的绘画系、俄国文学系三大系；截止 1927 年，添办社会科学院中的经济学系、政治学系、史学系和文艺院中的德文学系、音乐系共五系；截止 1929 年，添办社会科学院中的法律学系、哲学系、心理学系和文艺院中的法国文学系、雕刻系共五系。同时，邓中夏革新教师的阵容，延请一批著名的政治家、教育家、

---

[1] 刘功成：《中国工运历史人物传略——邓中夏》，中国工人出版社 2012 年版，第 90 页。

[2] 邓中夏：《上大的使命（一九二三年）》，《邓中夏全集》（上），人民出版社 2014 年版，第 336 页。

[3] 邓中夏：《上大的使命（一九二三年）》，《邓中夏全集》（上），人民出版社 2014 年版，第 334 页。

文学家任教。聘任瞿秋白为新增的社会学系主任，陈望道为中国文学系主任，施存统、彭述之等共产党人也先后被聘为系主任。李大钊、吴玉章、高语罕、杨贤江、蔡和森、恽代英、张太雷、任弼时、李达、沈雁冰、萧楚女、李立三、郑振铎、丰子恺、朱自清、俞平伯、田汉等人，都曾应聘到校任教。[1] 上海大学经过了邓中夏的苦心经营和教师们的热忱教学，没有多少时候，校务出现了蒸蒸日上之势。有志于革命事业的青年，纷纷来到这个学校就学。[2] 1924年初"上大"学生已经发展到四百多人。

（二）读"活"的书　理论与实际相结合

为了让学生更多地了解当下实事，阅读到更多的名人著作、思想理论，学校设立书报流通处，经售《新年报》《向导》《中国青年》等国内各著名书报和各大书社的出版品——社会学、新闻学、自然科学一类的书籍和刊物。这都是上海其他大学所没有的。特别是活泼民主的校风，社会学系的学生经常由老师带领去参观工厂和

[1] 刘功成：《中国工运历史人物传略——邓中夏》，中国工人出版社 2012 年版，第 90 页。

[2] 姚天羽：《培养革命干部的洪炉——上海大学》，中共上海市委党史研究室编《上海党史资料汇编》（第一编），上海书店出版社 2018 年版，第 133 页。

农村，这也是上海别的大学所没有的。[1]

在邓中夏的提倡下，上海大学组织了许多学术研究团体，引发学生独立思考，探求真理。自 1923 年起相继成立"社会问题研究会""三民主义研究会""湖波文艺研究会""孤星社""春风文学会"等。这些团体创办刊物，对社会问题进行讨论，活跃了学校的学术空气。[2] 上海大学学生薛尚实曾回忆上海大学说，我们上课的时间少，而在课外看参考书的时间多。当时在上大，自觉认真读书，提出问题，讨论问题，成为一种风气。[3] 邓中夏特别强调：读"活"的书，让学生走上社会，把学到的书本理论和当前的革命斗争结合起来。他不仅主持上大的行政工作，还亲自为学生开课，讲中国工人运动史，帮助他们确立无产阶级世界观，投入工人运动和革命斗争中，使学生在政治思想上普遍进步很快。邓中夏根据在长辛店办劳动补习学校的经验，结合上海工业区的实际，大力推行平民教育。他亲自主持上大平民教育

---

[1] 黄美真、石源华、张云：《上海大学史料》，复旦大学出版社 1984 年版，第 94 页。

[2] 刘功成：《中国工运历史人物传略——邓中夏》，中国工人出版社 2012 年版，第 91 页。

[3] 黄美真、石源华、张云：《上海大学史料》，复旦大学出版社 1984 年版，第 94 页。

工作，组织学生创办平民夜校和工人补习学校。1924 年 4 月 15 日，平民学校正式开学，学校招收的都是附近失学的平民、工人及工人的孩子，实地给予相当的教育。学校根据年龄和文化程度，严格分为六个班级，分为成年不识字组、童年不识字组、成年识字组、童年识字组。教员皆是由上海大学的师生担任。邓中夏经常到工人夜校演讲，不单从思想上启发、引导学生，还亲自带领他们到实际斗争中去锻炼。

（三）成立中共上大支部

上海大学是国共合作的产物。共产党、国民党在上海大学都有基层组织。1923 年 7 月，中共上海地委将上海的党员编为 4 个小组，上大 11 名党员为第一组，占了全市党员总数的 1/4。其中有邓中夏、瞿秋白、张太雷、施存统等党中央和团中央的成员，党团中央提出的方针、任务由他们直接带到上大小组贯彻执行。[1] 国民党在上海大学有分区部，开展政治活动。这所学校里共产党和国民党右派之间的斗争非常激烈。直至 1924 年，两派在上海大学的斗争达到了高潮，中学部主任陈德徵纠集国民党右派势力，公开反对共产党。邓中夏、瞿秋白等共

---

[1] 刘功成：《中国工运历史人物传略——邓中夏》，中国工人出版社 2012 年版，第 92—93 页。

产党人进行反击，把陈德徵赶出了上大。从此，共产党和国民党左派的力量在上大占了优势。每次，上海大学的学生作为主力军活跃在各种群众运动中，发挥着重要作用。在"二月罢工"中，上海地委委派上海大学的师生组织罢工委员会，领导工人罢工。在五卅惨案当天，上大学生400余人组成演讲团，分成38个组在南京路一带进行反帝宣传。[1]

三、影　响

（一）主张"到群众中去"发挥群众的伟大力量

邓中夏曾先后发表《革命主力的三个群众——工人、农民、士兵》《论工人运动》《中国工人状况及我们运动方针》等一系列的文章。他总结道，中国革命之所以软弱和不能完成的重要原因，是因为革命主力的工人农民兵士这三个群众尚未醒觉和组织起来……我们青年并未到这三个群众中去做宣传和组织的工夫。[2]邓中夏一再要求青年到"民众间去"，这是青年的重要的光荣的

[1] 刘功成：《中国工运历史人物传略——邓中夏》，中国工人出版社2012年版，第94页。

[2] 邓中夏：《上大的使命（一九二三年）》，《邓中夏全集》（上），人民出版社2014年版，第295页。

使命。

（二）创办沪西工友俱乐部

1924 年 3 月 17 日，邓中夏与李立三等以寰球中国学生会和上海大学的名义发起成立了"上宝平民教育促进会"。该会成立后，逐步在沪西、沪东、浦东、吴淞、南市、闸北、虹口等处办起平民学校和职工夜校。李立三、恽代英、杨之华、刘华、李一纯等先后担任平民学校和职工夜校的教师。

同年夏天，邓中夏在沪西工人补习学校的基础上筹建沪西工友俱乐部。党组织派上海大学生会执行委员、上海大学平民义务学校执行委员刘华接替稽直担任秘书，分管俱乐部的宣传和组织工作。刘华白天到内外棉第七厂（原棉二厂）当勤杂工，借勤杂工可以到处流动的条件，广泛接触工人，把各处工人如何反抗资本家的英勇斗争事迹讲给大家听。晚上，刘华和邓中夏等人在沪西工友俱乐部同工人们谈心、上课。在刘华的悉心帮助教育下，许多工人很快就参加了俱乐部的活动，有些还成为骨干力量。在邓中夏的启发和带领下，像刘华一样的上大学生有许多，他们有许多都是到各地中学或大学去教课，从他们的网篮里带去革命的理论与反帝的热情，"星星之火"引发到各地的青年和工人群众中，一化十，十化百地播种。

（三）造就人才的大本营

从 1923 年 4 月到 1925 年 4 月，作为职业革命家的邓中夏，主办上海大学，把上大变成了造就革命人才的大本营。虽然他在五卅运动前夕离开上海，但他创立的为党培养工会干部和党团干部的基地——上海大学，走出了一大批优秀的领导人。五卅运动后，上大不少学生担任了上海的中共党团委书记，如：郭伯和任闸北部委书记，苏爱吾任杨树浦部委书记，顾作霖、吴振鹏任团的部委书记。李硕勋、刘华、杨之华等迅速成长为学生运动、工人运动、妇女运动的领导人，而英勇牺牲的黄仁、何秉彝则用满腔热血谱写了感人篇章，被永载史册。

四、结　语

在上海大学工作的时期内，邓中夏以坚定的革命信念，高度负责的工作态度，杰出的宣传和组织才能，勇于开拓，大力革新，使上海大学发展成为名家学者云集、青年学子众多的著名"红色学府"，为中国共产党、中国工人阶级作出了不可磨灭的贡献。

论国民党上海执行部与
上海大学的关系

钱　佳

　　上海大学于 1922 年 10 月成立，是国共两党共同举办的大学。国民党"一大"后，明确上海大学为国民党党立学校，经费由国民党中央补助。[1] 在国共合作的背景下，国民党上海执行部（以下简称为上海执行部）于 1924 年 3 月 1 日正式办公。此时的上大，在经历校务革新之后，改革基本完成，也进入发展的新阶段。

---

[1] 中共上海市委党史研究室著：《中国共产党上海史（1920—1949）》上册，上海人民出版社 1999 年版，第 201 页。

一、上海执行部与上海大学的碰撞

在五四新文化、新思潮的影响下，全国各地不断发生学潮，上海的东南高等专科师范学校也是其中之一。1922 年 10 月，东南高等专科师范学校正式更名为上海大学，国民党元老于右任担任校长，共产党人邵力子为副校长。于右任担任校长之后想把上海大学作为国民党教育的阵地，便利用自己的人脉关系，聘请国共两党精英来上大教学。当时恰逢李大钊来沪，于右任本想邀请李大钊以办北京大学的经验办上海大学，但李大钊因北方事务繁忙，不能答应于右任的请求，于是推荐邓中夏担任校务长，瞿秋白担任社会学系主任。除此之外，陈望道、田汉、沈雁冰等都曾到上大担任教职员。一所校舍简陋、设备粗糙的"弄堂大学"摇身一变，在革命的浪潮中新生。

随着国共的第一次合作，上海执行部于 1924 年 3 月正式建立，活跃于上海大学的教师有了更高的政治身份。上海大学作为党办学校，得到了国民党的大力支持，不仅上海执行部的许多重要成员在上大兼职，许多国共早期重要成员也会去上大举行讲座，如李大钊《史学概论》、戴季陶《东方问题与世界问题》、恽代英《中俄交涉破裂原因》等。[1]

在国共合作的新局面下，改组后的国民党急需重新培养革命人才，作为指导东南党务的上海执行部，将上海大学作为重要阵地，吸纳党员，培养人才，并在策划各项革命工作的过程中依靠上海大学的力量。

二、合作为主旋律

国共合作的"蜜月期"，上海执行部与上海大学在诸多革命活动中都有积极互动。

重视教育普及是国民党的重要纲领，1924年1月国民党"一大"宣言即将"励行教育普及"作为其对内政策，[2]上海执行部在1924年3月6日举行的第二次执行委员会议上，决议以"'平民教育运动'为本党目前下手一般的工作，组织'平民教育运动委员会'主持之，指挥凡属能做此种工作之同志，一律活动起来。"[3]同年颁布《中国国民党上海执行部平民教育委员会简章》，计划

---

[1] 黄美真、石源华、张云编：《上海大学史料》，复旦大学出版社1984年版，第97—98页。

[2] 荣孟源主编：《中国国民党历次代表大会及中央全会资料》上册，光明日报出版社1985年版，第22页。

[3]《党史资料研究（5）》，四川人民出版社1985年版，第74页。

并指挥上海平民教育运动。上海执行部开展的平民教育工作，主要是与社会各界合作，均用党内同志所主持之社会团体或个人名义主办平民教育，[1]上海执行部平民教育教委会起辅助支持作用。

在上海执行部平教委的指导下，邓中夏作为上海执行部平教常委，又担任上海大学校务长，便将上海大学作为平民教育运动的重要阵地。4 月 1 日召集筹办的平民教育大会，首由校务长邓安石[2]说明开会宗旨，次由程永言报告参与全国平民教育运动大会之经过情形，复次讨论实施平民教育之种种方案。[3]4 月 15 日，上海大学平民学校举行开学仪式，此后成功举办多期平民教育大会，稳步推进上海执行部布置的平民教育工作。上海大学除了对学生进行基础的扫盲工作之外，还注重结合重要纪念日或者时事来授课，传播革命思想，提高学生的觉悟。

同时，上海执行部正在开展黄埔军校长江流域及其以北各省的招生复试工作[4]。当时形势复杂，黄埔军校不

[1]《上海执行部通告》第五号（1924 年 4 月 10 日），台北国民党党史馆馆藏档案，档号：汉 13230.5。

[2] 邓安石即邓中夏。

[3]《平民教育消息汇志》，《民国日报》1924 年 4 月 5 日。

[4] 中共上海市委党史研究室编：《环龙群英会：国民党上海执行部研究》，上海人民出版社 2017 年版，第 174 页。

能公开招生，只能秘密进行。由于上海大学本就是宣传革命思想的阵地，而且上海执行部的多位要员都在上海大学执教，将黄埔军校的复试点安排在上海大学不仅可以掩人耳目，也更方便贯彻执行部的方针政策。黄埔军校建立后，上海大学不仅为其积极宣传，同时也不断为其输送各种优秀的教师及学员，一时有"文有上大，武有黄埔"的美誉。

除此之外，上海执行部联合上海大学推动妇女运动，共同声援保定女师生的斗争。上海大学培养出来的女学生杨之华也在五卅运动后负责了上海执行部妇女部。在每次的反帝反封建斗争中，上海大学的师生都义无反顾地支持上海执行部的工作，配合上海执行部进行革命运动。

三、国共摩擦加剧，两者关系出现分裂

国共合作本就是一个动态的过程。1924 年为了促成国共合作，中国共产党员以个人身份加入国民党，但是由于政治理念的不同，随着革命浪潮的袭来，革命运动不断深入，国共两党人员在上海执行部的矛盾也越来越大，上海大学的师生也开始分化为左、右两派进行斗

争。在发生了"弹劾共产党案"[1]后，国民党两党矛盾进一步激化。到了8月8日发生了"殴打邵力子案"[2]，10月10日又发生了双十节天后宫事件，在召开国民大会时，上海大学的学生黄仁遭到国民党右派雇佣的流氓毒打致死。事件发生时，会议的发起者喻育之、童理璋等不负责任，不维持会场次序，上海执行部青年部秘书、上大英文系主任何世桢及上海执行部职员陈德徵、周颂西等国民党右派党员，对同党党员、同校学生被打不予理会。[3]

上海大学的学生为此事通电全国，揭露国民党右派的罪行，举行追悼会以示抗议。在共产党的坚决斗争下，上海执行部作出了抚恤死者、开除肇事者出党的决议。上海大学内部的共产党、国民党左派和右派之间的斗争也越发激烈，最终上海大学开除何世桢，何世桢带走英文系学生，另办持志大学，瞿秋白也被迫离开。总务主任换成共产党员韩觉民、英文系主任换成中立派周越然，

---

[1] 1924年6月18日，谢持、张继等联名向国民党中央执委会提出"弹劾共产党案"，指责共产党在国民党内进行党团活动。8月15日，国民党中央执行委员会在广州召开第二次全会，集中讨论共产党员跨党问题。

[2] 1924年8月8日，国民党右派到上海执行部寻衅滋事，邵力子因其跨党身份被右派分子殴打。

[3] 《恽代英君之重要声明——为双十节国民大会惨剧》，《恽代英全集》第6卷，人民出版社2014年版，第535页。

社会学系主任换为施存统。[1]

黄仁之死改变了上海执行部的国共力量对比，上海大学也因两党矛盾发生了连锁反应。

四、五卅之后，两者关系削弱

1925 年五卅运动爆发，揭开了大革命的序幕。上海大学自建校以来，就一直坚持反帝反封建运动，在五卅运动中，上海大学的师生也积极参与，发挥了巨大的作用。

1925 年 2 月，上海日商内外棉八厂的资本家毒打童工事件激起了全厂工人的义愤。上海大学学校支部派邓中夏、刘华、杨之华等人到潭子湾工人俱乐部和李立三同志一起工作。2 月 9 日，工人到潭子湾空地开大会，当时邓中夏、杨之华在大会演说，反对东洋人打人。上海大学社会学系学生刘一清于 2 月 15 日在西门勤业女学校中开会担任主席，会议要求是筹款支持罢工工人。[2]上海大学师生在李立三、邓中夏等人的领导下，积极参

---

[1] 中共上海市委党史研究室编：《环龙群英会：国民党上海执行部研究》，上海人民出版社 2017 年版，第 345 页。

[2] 黄美真、石源华、张云编：《上海大学史料》，复旦大学出版社 1984 年版，第 135 页。

与宣传工作，深入工厂进行演说，同时向社会各界募捐筹款。

5月15日，发生了"顾正红事件"，工人领袖顾正红在带领工人进行罢工时，被日本资本家无情枪杀。24日，上海大学的学生带着旗帜、传单，拟经戈登路（江宁路）、普陀路前往潭子湾，但遭到普陀路英捕房的阻拦，还逮捕了朱义权等两个学生。当晚，学生得知同学被捕，就派黄旭初和林均去找《民国日报》主编叶楚伧[1]，请他设法营救被捕学生，叶楚伧劈头盖脸一顿责备："你们又闯祸了！"再三说无法可想。[2]

5月27日，恽代英召集上海大学、文治大学、大夏大学等学生代表开会，准备印发传单，揭露帝国主义暴行，营救学生。翌日，恽代英、李立三等召集上海执行部宣传委员会召开会议，要求学生和工人团结一致举行反帝示威，决定于30日停课，上街演讲。[3] 这次示威活动是用上海学生联合会的名义发动和指挥，因右派在执

[1] 叶楚伧是国民党元老。1916年与邵力子合办《民国日报》，任总编辑。1924年1月，被选为国民党第一届中央执行委员，并任国民党上海执行部常务委员兼青年妇女部长。

[2] 黄美真、石源华、张云编：《上海大学史料》，复旦大学出版社1984年版，第136页。

[3] 中共上海市委党史研究室编：《环龙群英会：国民党上海执行部研究》，上海人民出版社2017年版，第412—413页。

行部中已占优势，共产党人和国民党左派已无法用执行部名义指挥。[1] 30 日，在以上海大学为首的学生就在南京路进行游行示威、讲演，不料遭到英国巡捕开枪射击，当场打死四人，打伤十余人，酿成了震惊中外的"五卅惨案"，上海大学学生何秉彝亦被枪杀。同日，恽代英、李立三在二马路设五卅运动总指挥部，高尔柏在环龙路上海执行部负责对外联络工作。

上海大学的学生在"五卅惨案"后，31 日仍然坚持斗争，继续进行游行、上街讲演，当天被捕后即时释放者六十余人。上海大学学生会通电表示"工商人士及学生连续遭惨毙者，为数益多，本校亦于 6 月 1 日起实行罢课，誓达惩凶雪耻之目的。"[2] 上海大学的此番行为引起了帝国主义的仇恨，6 月 4 日，英租界派遣万国商团及各国海军陆战队占领上海大学，驱逐学生，上海大学被封。后上海大学发表宣言："无论如何的淫威来压迫自由，如何的黑暗侵袭独立，断然师生合作一起，努力与抗，绝不退让。"[3] 上海大学的师生面对强权从未退缩。

在恽代英等共产党人积极推动上海执行部参加五卅

---

[1]《党史资料丛刊》1984 年第一辑，第 127 页。

[2]《上海大学学生会电》，《民国日报》1925 年 6 月 3 日。

[3]《武装解散学校讯——上大全体宣言》，《民国日报》1925 年 6 月 8 日。

运动的过程中，上海执行部右派分子则态度消极。他们不但不帮忙，而且极力声明此次运动与本党无关。上海执行部最大的宣传机关上海《民国日报》，在英巡捕已枪杀了很多中国市民，商界已经震动而罢市了的时候，居然会做出是非尚未分明的文章来，[1]甚至还替帝国主义讲话。恽代英也曾回忆说："五卅发生以来，学生群众都要求共同联合打倒帝国主义"，"右倾的分子非常捣乱，他们除了说国民党包干，共产党有阴谋以外，另外还有孤军社的人，在6月1日发了一种传单，劝民众不要乱闹"[2]

五卅运动中，上海执行部内的中国共产党人顶着层层压力想以上海执行部的名义带领群众进行革命斗争，但遭到叶楚伧的反对。上海执行部作为当时国民党在上海的最高负责机关，终因叶楚伧等右派的掣肘而在五卅运动中没有发挥该有的作用。此后中国共产党为了全力领导五卅运动，不再以国民党上海执行部的名义发起号召，而是依靠上海总工会、上海学联、上海工商联合会等进行公开活动。[3]五卅运动后，上海大学的国民党右

---

[1]《党史资料丛刊》1984年第一辑，第120页。

[2] 上海社会科学院历史研究所编：《五卅运动史料》第一卷，上海人民出版社1981年版，第10—11页。

[3] 中国人民政治协商会议上海市委员会文史资料工作委员会编：《上海文史资料选辑》第45辑，上海人民出版社1984年版，第7页。

派力量小、人数少，学校的领导权完全在共产党手里。[1]
而上海执行部则逐渐落入右派之手。

至此，上海执行部与上海大学的密切联系基本告一
段落。

五、总　结

上海大学于 1922 年 10 月成立，1927 年"四一二"
反革命政变后停办，虽然办学时间不长，却一直是国民
运动与社会运动的中心。它作为国共两党合作下的产物，
上大师生一直接受着革命思想的熏陶，这里凝聚了大批
为民族解放、为反帝反封建做斗争的战士。国民党"一
大"后，上海大学在上海执行部刚刚建立后，一直与其
保持紧密的联系，配合开展革命运动，为黄埔军校输送
优秀人才。后来，上海大学因上海执行部内部的尖锐争
斗，在五卅运动之后逐渐与上海执行部分道扬镳，这也
是必然。

---

[1] 本书编委会编：《20 世纪 20 年代的上海大学》下卷，上海大学出版社
2014 年版，第 1138 页。

浅谈何挺颖在上海大学中的成长

陈晓笛

　　在中国共产党的百年发展历史中，无数志士仁人为之抛头颅、洒热血，谱写了可歌可泣的动人篇章。在这其中，一大批的青年学子在求学的道路上不断历练自己，把自己的命运同国家的振兴和发展紧密地结合在一起，在血与火的考验中不断成长，为中华民族的发展作出了卓越的贡献。

　　上海大学作为一所红色学府，培养了一大批爱国的热血青年。其学子积极求进步，不断投身革命斗争。上海大学学子何挺颖就是其中的一位优秀代表。在震惊中外的五卅运动中，何挺颖积极投身其中，不怕牺牲，用自己的青春和奋斗，书写了红色学府光辉的历史篇章。

一、红色学府的诞生

1921 年，中国共产党宣告成立。一年后的 1922 年
10 月 23 日，一所由国共两党在沪联合创办的高等学府
诞生了。今天我们再来看这一段历史，可以看到上海大
学所留下的发展足迹和中国共产党的发展始终是紧密相
连、不可分割的。

上海大学最初的校址位于原闸北青岛路（后改青云
路）青云里弄内。1924 年初，由于学生已经发展到四百
余人，青云里校舍难以维持，校社会系主任瞿秋白等共
产党人在当年 2 月将校舍迁到了公共租界西摩路（今陕
西北路）132 号。[1] 当时校舍条件十分简陋，办学经费拮
据，并屡次遭害，办学之路十分艰难。

中国共产党党员邓中夏曾任学校总务长，他在学校
办学章程中明确指出：学校的办学宗旨是"养成建国人才，
促进文化事业，即为改造社会和国民革命的需要服务"[2]。

---

[1] 黄美真、石源华、张云编：《上海大学史料》，复旦大学出版社 1984 年
版，第 40—41 页。

[2] 刘功成：《中国工运历史人物传略——邓中夏》，中国工人出版社 2012
年版，第 90 页。

为此，上海大学特地刷新了课程，设立社会科学院和文艺院，并开设了许多社会科学系的课程。瞿秋白、施存统曾任社会学系主任，侯绍裘、恽代英、蔡和森等也都曾在该校执教，传播马克思主义思想，培养革命干部。[1]在这些进步人士的共同努力下，上海大学的名气逐渐扩大，红色学府的名声不胫而走，全国各地的热血爱国青年，纷纷奔赴该校求学，并从上大学成后奔赴各地开展革命斗争。其中，何挺颖就是上大优秀学生的杰出代表之一。

二、何挺颖革命思想的萌芽

何挺颖，1905 年出生于陕西省南郑县何家湾。1920年进入汉中联立中学。在此期间，他常常收到表哥王钧石从北京寄来的《人生》《进步》等书刊。他认真地阅读这些书籍，这些书籍中蕴含的进步思想理论，对他的人生价值观都产生了非常深远的影响，从此在他心中埋下了科学救国的理想，也为他之后走上革命道路奠定了重要的基础。在校期间他也曾积极组织参加进步读书会，

---

[1] 邵雍：《上海大学师生与五卅运动》，上海市历史博物馆主编：《都会遗踪》第 4 期，2020 年，第 18 页。

带头写白话作文，组织发动南郑学生掀起反帝爱国运动。

1924年何挺颖从中学毕业后，考入上海大同大学数学系。此前，他在浦东中学补习功课时，还结识了共产党员刘平衡，考入数学系后他与刘平衡同志的交往更为密切。在刘平衡的带领下，何挺颖阅读到了《中国青年》《向导》等革命刊物，开始初步接受到马克思主义的基本知识。但此时他仍然想要在科学上有所成就，还是希望走科学救国的道路。

1925年，五卅运动爆发，学生们声援罢工工人，遭到逮捕和残忍杀害，此时埋头于书本中的何挺颖受到了极大的震动。在刘平衡同志的鼓励和启发下，何挺颖参加学生讲演队，控诉帝国主义的恶行，日夜赶印散发传单，与同学们一起高呼口号，进行了英勇斗争。帝国主义的恶劣行径，使何挺颖科学救国的梦想破灭了，同年6月他加入了中国共产主义青年团，并毅然决然地走上了革命的道路。

三、何挺颖成长中的转型

在这场运动中，何挺颖的思想觉悟发生了巨大的转变，他认识到当前中国革命的问题，并不是仅靠科学救国能够解决的，此时的中国最需要的是革命战士。于是他做了一个影响他一生的重大决定——弃理从文。他于1925年下半年，转入上海大学社会系学习。他在给劝阻他转学的同学左明的信中说道："对数表里查不出救国的良方，计算尺不能驱逐横行的豺狼。"并附诗："南京路上圣血殷，百年侵华仇恨深。去休学者博士梦，愿作革命一新兵。"[1]

1925年夏，何挺颖在上海大学社会学系开始如饥似渴地研究、学习革命理论，探索拯救中华民族的真理，寻找解放劳苦大众的良药妙方"[2]。

上海大学社会学系不同于别的学府，注重用马克思主义理论武装学生。邓中夏特别强调要"读活的书，让学生走上社会，参加工人运动、妇女运动，把学到的革命理论、科学文化知识和当前的革命斗争结合起来"。中国共产党要求社会学系的师生，不仅要重视马克思主义理论教育，也要重视革命实践活动。在老师的带领下，学生们走出校门，到社会、群众中去，创办平民夜校、开展教育普及工作、协助党在工人集中的小沙渡、杨树浦创办沪西工人俱乐部和沪东工人进德会等等。

---

[1] 柴志光：《浦东文化丛书　海上碑林里的红色文化记忆》，上海远东出版社2021年版，第78—79页。

[2] 林道喜：《井冈元戎何挺颖》，《党史文汇》，中共山西省委党史研究院，2008年，第3期，第34—36页。

在上海大学浓厚的革命氛围下，何挺颖深感自己革命理论知识的匮乏，其间他研习革命理论，以唤醒国民意识为己任。他利用一切可能的条件，如饥似渴地阅读革命理论的书籍、报刊、杂志，主动与同学交流，将积极的思想融进了自己的革命实践中，革命的思想日渐成熟。

邓中夏编写的《中国劳工问题》等书籍，通过革命理论的教育，让学生们初步地接触了马列主义学说，为学生们提供了认识社会、改造社会的理论武器，不少同学以此为起点，走上了革命的道路。因为当时的上海大学社会学系是学校最大也是人数最多的一个系，共产党员和共青团员都非常多。1926年7月，中国共产主义青年团江浙区委关于组织情况的各项统计里，在"各青年团体党团书记"这一栏中，记录了何挺颖分别担任"彩仪社""仪中旅沪学生会""陕西青年社"这三个青年团体的书记。[1] 何挺颖也协同他人创立了"共进社"，并创办进步刊物《共进》。他还积极组织发动广大群众参与反帝反封建运动。

经过与上海大学师生的交流与学习，何挺颖的阶级

---

[1] 胡申生编著:《从上海大学（1922—1927）走出来的英雄烈士》，上海大学出版社2020年版，第81页。

觉悟有明显的提高，马克思主义理论的学习和社会实践活动，更使他坚定了为无产阶级革命事业而奋斗终生的决心。同年冬，何挺颖转变成为一名光荣的中国共产党党员，他决定将自己的一生献给革命事业。他还在写给友人左明的一首诗中说道："四万万人发吼声，火山爆发世界惊。中国有了共产党，散沙结成水门汀。"[1] 他积极参与学校组织的各项活动，积极宣传革命思想，迅速成长起来。

四、何挺颖革命思想的成熟

随后，何挺颖从学习革命理论到将其融进伟大的革命实践。大革命失败以后，何挺颖积极响应党的号召，参加了秋收起义，跟随毛泽东走上井冈山，还在毛泽东领导下亲自指挥红军开展了反"围剿"斗争，凭借天险和人民群众的全力支持，守住了敌军数十倍于己方兵力的进攻，粉碎了湘赣两省敌军"会剿"井冈山的企图，取得著名的黄洋界保卫战的胜利。毛泽东写下的广为人知的《西江月·井冈山》，正是给予黄洋界大捷的高度

---

[1] 中共党史人物研究会编：《中共党史人物传》（第一卷），陕西人民出版社 1980 年版，第 284 页。

评价。足以见得，在井冈山根据地时期，何挺颖已然成长为一名成熟坚定的革命者，成为党组织和军队的重要骨干。

何挺颖同志革命思想的演进和他成长的过程，从萌芽、转型到成熟，究其原因取决于三个重要的因素：一是自幼接受私塾和家庭爱国主义思想教育的熏陶；二是坚定不移的马克思主义信仰和社会主义革命信念；三是当时积贫积弱的中华民族亟待解救，以及革命斗争形势的客观需求。

何挺颖后来在军队中做出了贡献，其在上大期间受到的马克思主义理论的教育和熏陶，起到了关键的作用。他的人生价值观的最终定型，也发生在上大求学期间。我们可以清晰地看到，在上大这所"红色学府"中，一个优秀的共产主义战士不断成长和成熟，最终为中国革命的事业做出了杰出的贡献。

综上所述，上大优秀学子何挺颖同志，在短暂但又辉煌的革命生涯中，为中国早期革命事业立下了不可磨灭的丰功伟绩。他胸怀劳苦大众和民族前途命运的崇高爱国主义思想光辉，将永远照耀、激励着一代又一代的革命青年不懈奋斗，为实现中华民族伟大复兴的中国梦，不断开拓进取。

上海大学开展群众运动的条件分析

夏　欣

1922 年 10 月，由原东南高等专科师范学校改组的上海大学成立于上海闸北青云路，校长为国民党元老于右任，邵力子任副校长一职。此后，上大的学生在中国共产党的带领下，将课堂与社会相连，与工农大众紧密相依，在政治运动中得到了极大的锻炼。

一、"读活的书"的教育理念

校长于右任原希望邀请共产党人李大钊来沪协助校务，由此作为契机，邓中夏于 1923 年受聘成为上海大学的校务长。此后，瞿秋白、陈望道等一大批共产党人进入上海大学任职，为上海大学成为"革命中心"埋下了伏笔。

邓中夏进入上海大学后，着手改革校务，他确定了上海大学的教育方针：养成建国人才，促进文化事业。作为中国青年运动和工人运动的卓越领袖，党的早期革命家、理论家邓中夏在制定发展规划、教师队伍整治、课程内容设置等方面充分体现了青年教育要融入群众的思想，鼓励学生积极参加社会活动，将学习与实践相结合，从而激发进步青年的革命自觉性和主动性。瞿秋白作为上海大学马克思主义理论的主要传播者，对此则有更具体的思考，1923 年 8 月他在《民国日报·觉悟》上刊登的《现代中国所当有的"上海大学"》一文，细数了各系的课目，希望成立一个横跨各系的共同的制度"研究会"，这种"研究会"制度，有几种好处：（一）不是搬着死教科书背的；（二）学生自动的以其现在所知科学方法就应用到实际生活中去；（三）全校学生共同一堂可以锻炼青年的"集合意识"；（四）不是"书房里的"少爷生活，而是社会里的公民生活[1]。尽管只是一种自由讨论研究的集合，但是其主要目的是引导学生融汇所学于

---

[1] 本书编委会编：《20 世纪 20 年代的上海大学》（上卷），上海大学出版社 2014 年版，第 70 页。

生活，从而思考中国政治、世界大势的问题。

事实上，在后续的教学活动中，上海大学的师生开展了相当丰富的社会实践活动，广泛参与了当时的平民教育、非基督教运动、妇女运动等，通过革命实践不断加深对中国社会本质的认识，更加自觉地投身于反对帝国主义侵略和军阀统治的革命洪流。

二、社会政治氛围

1924 年 1 月，国民党第一次全国代表大会在广州召开，标志着国民党改组的完成和第一次国共合作的正式形成。

（一）共产党方面

中国共产党自成立以来，便始终与人民群众站在一起。在中共一大上通过了党的第一项决议案《关于当前实际工作的决议》，明确提出：本党的基本任务是成立产业工会。《中国共产党第一个纲领》明确说道：革命军队必须与无产阶级一起推翻资产家阶级的政权。在次年的中共二大上通过的决议案，更是阐明中国共产党既然是为无产群众奋斗的政党，便要"到群众中去"，要组成一个大的"群众党"，强调党的一切运动都必须深入广大的群众里面去，都必须是不离开群众的。这对上海大学师生广泛融入群众，组织并开展运动有着重要的指导意义。

（二）国民党方面

在国民党第一次全国代表大会上，孙中山发表了《中国国民党第一次全国代表大会宣言》，宣言解释了新三民主义，在民生主义部分提到"故国民革命之运动，必恃全国农夫、工人之参加，然后可以决胜，盖无可疑者"的内容。由此可见，国民党此时的新三民主义政纲同中国共产党的民主革命纲领在基本原则方面是一致的，因而成为国共合作的共同纲领。

随后，国民党上海执行部在上海成立。1924 年 3 月 5 日，上海执行部对外发布的第一号通告："本部执行部已经组织就绪，分为秘书处及组织部、宣传部、工人农人部、青年妇女部、调查部五部。[1]" 5 个部门中有 3 个部门直接或间接地从事宣传三民主义、反帝反封建；扶助农工；组织和指导青年、妇女的革命运动工作。其下还成立了平民教育委员会负责实际工作：如决定开办平民学校、任免教员、筹措经费、考核成绩，及与社会各界合作等 [2]。毛泽东作为平教委的 9 名委员之一，在推动

---

[1]《上海执行部通告（第一号）》，台北国民党党史馆馆藏档案，档号：汉 13230.1。

[2]《中国国民党上海执行部平民教育委员会简章》（1924 年），台北国民党党史馆馆藏档案，档号：汉 1578.2。

平民教育开展的同时，也促使中国共产党员参与其中。1924年3月11日，作为上海执行部平教委员会委员的毛泽东在中国共产党上海地委兼区委会议上通报了情况："新的事业，只有讨论关于平民教育问题，决定加入黄炎培派之上宝平民教育促进会，组织平民教育运动委员会。这是一般的工作，各区分部所能做的。"[1]

中国共产党员毛泽东、邓中夏、恽代英、向警予等一大批精英横跨政学两界。在国民党上海执行部推行的平民教育运动、工人运动、妇女运动、青年运动及反帝运动等运动中，活跃着上大学生的身影。

三、思想武装头脑

从一所名不见经传的"弄堂大学"到成为青年进步学生仰慕的"红色学府"，上海大学的师资力量和课程设置在当时的中国可谓独树一帜。

（一）中共党员的任教

自1923年上海大学整顿以来，不断有优秀的教师加入。"上大经过改组整顿，短短一年间，就成为了学

---

[1]《上海地委兼区委召开国民党委员会的会议记录》(1924年3月11日)，中央档案馆、上海市档案馆编：《上海革命历史文件汇集》乙1，1990年印，第89页。

习和传播新文化的重要基地。中共中央还派了一批党的教育家、理论家到校讲课。"[1] 特别是有马克思主义先进思想指导的中共党员充分利用上海大学这个阵地，为启蒙中的上大学生精心设置各类课程，积极传播马克思主义理论，启发和争取进步青年，并且切身实地地带领学生走进工厂、农村，培养了一批批富有先进思想，又广泛联系群众，充满战斗力的革命力量。在中国共产党人的带领下，上海大学内部形成了众多学术组织，学生们都积极加入。此后他们也经由老师们的推荐，活跃在上海学联、全国学联等各个组织，为日后开展群众运动打下了基础。

表 1　在上海大学任职的部分中共党员 [2]

姓名	籍贯	资　历	职　务	教授课程
邓中夏	安徽望江	北京大学文学士、前直隶高等师范教授	校务长、中学部教师	伦理学、公民学
陈望道	浙江义乌	复旦大学教授	中国文学系主任	文法、修辞学、美学

[1] 中共上海市委党史研究室编：《上海：统一战线的红色堡垒（1921—1949）》，上海人民出版社 2023 年版，第 23 页。

[2] 此表根据《上海大学一览》1924 年 4 月、《申报》、《民国日报》1924 年 8 月—1927 年 3 月的信息编制。

姓名	籍贯	资　历	职　务	教授课程
瞿秋白	江苏常州	俄国莫斯科东方大学陆军学院汉文系教授	社会学系主任	社会学
李达	湖南永州	京师优级师范学堂、日本留学	社会学系教师	社会思想史、社会运动史
张太雷	江苏武进	天津北洋大学	社会学系教师	政治学、政治学史
施存统	浙江金华	浙江省第一师范学校	社会学系教师，后任主任	社会思想史、社会问题、社会运动史
蔡和森	湖南永丰	湖南高等师范学校文史专科、法国留学	社会学系教师	社会进化史
沈雁冰	浙江桐乡	北京大学预科	中国文学系教师	欧洲文学史、小说

　　1923 年暑假，上海大学开展夏令讲学会，社会各界文化名人积极参与，李大钊于 9 月 7 日发表演讲《社会主义释疑》，向听众介绍了社会主义，并描绘了一个"在社会主义制度下做工，是很愉快的，很舒服的，并不像现在资本主义制度下的工作，非常劳苦，同那牛马一样"[1]

---

[1] 李大钊：《社会主义释疑》，《民国日报·觉悟》1923 年 11 月 13 日。

的美好愿景。同年 11 月，上海大学举办特别讲座，邀请马君武、李大钊和胡适之等人开讲，无须购买入场券，校内外人员一律欢迎入场，这次演讲受到了热烈的欢迎。1924 年，上海夏令讲学会由全国学生总会和上海学生联合会共同组织，当时这两个组织的负责人均为上大学生，都由中共领导，其目的是宣传革命理论，选择发展对象，做好发展组织的准备工作。

表 2　上海夏令讲习会和特别讲座部分演讲题目[1]

姓名	演　讲　题　目	主　要　职　务
李大钊	《社会主义释疑》《史学概论》	中共中央委员
邓中夏	《中国劳工问题》	中国劳动组合书记部主任（北方期间）、上海大学校务长
瞿秋白	《现代社会学》《社会科学概论》《新经济政策》《现代民族问题》	国民党候补中央执行委员、上海大学社会学系主任
恽代英	《社会问题之重要及研究态度》《中国政治经济状况》《中国民生问题》《孙中山主义与戴季陶主义》	中国社会主义青年团中央执委会委员、宣传部主任
萧楚女	《中国农民问题》	中国社会主义青年团中央委员

---

[1] 此表根据《民国日报》、《申报》1923 年至 1926 年报道整理。

姓名	演讲题目	主要职务
施存统	《社会问题之起源及研究方法》《劳动问题概论》《社会进化史》《研究中山主义应取的方法》	社会主义青年团中央领导人
杨贤江	《教育问题》《青年问题》	《学生杂志》主编、上海大学社会学系教师
董亦湘	《唯物史观》《人生哲学》《民族革命》	中共上海地方委员会闸北组组长、上海大学社会学系教师
沈雁冰	《现代文学》	商务印书馆国文部、中央联络员

（二）社会学系的设立

在邓中夏关于上海大学的规划中，第一阶段（1923年秋至1925年夏）必须要添办的学系中就有社会科学院之社会学系。1923年7月，瞿秋白对于社会学系的规划已经非常全面。他在《现代中国所当有的"上海大学"》一文中，明确"切实社会科学的研究及形成新文艺的系统——这两件事便是当有的'上海大学'之职任，亦就是'上海大学'所以当有的理由"[1]。在课程系统的

---

[1] 本书编委会编：《20 世纪 20 年代的上海大学》（上卷），上海大学出版社 2014 年版，第 64 页。

建立上，按照社会学——理论的——（一）社会的分析；（二）社会的构造；（三）社会的生机，或称"律动"，或代"变律"——实际的——社会政策。[1] 1923 年秋，社会学系成立，该系学生的必修课达到了 19 门，选修课 13 门。其设置的课程旗帜鲜明地宣传马克思主义的基本理论，而作为其核心内容的马克思主义"群众观"深植学生的内心。

从课程的内容设置上，包含社会学史、经济学及经济史、政治学及政治史、人类学及人种学等宏观学科，还详细地介绍了西洋社会变迁史、东亚各国社会变迁史、罗马法等外国社会发展情况，让学生不仅了解当时中国的文化和政治现状，而且还带领学生们对比世界各国的历史与发展。

社会学系的构建遵循人类对于社会认知的科学规律，从理论建立到规律解析再将其放诸社会现实开展理论检验和实践，在思想的碰撞中，同学们可以深刻认识到马克思主义的科学性和正确性，认识到无产阶级与资本主义不可调和的矛盾，坚定其为人类自由民主而奋斗的信仰。

---

[1] 本书编委会编：《20 世纪 20 年代的上海大学》（上卷），上海大学出版社 2014 年版，第 65 页。

四、学校嵌入闸北工厂环境

大革命时期的上海大学校址几经变更。在建校之初，位于闸北青云路青云里，1923 年后在闸北宋公园（今闸北公园）也有校舍，后因学生人数激增，于 1924 年 2 月迁入公共租界西摩路（今陕西北路），五卅运动之后又迁回闸北青云路师寿坊（上大附中及平民学校与上大同步搬迁）。可以说在短短几年的办校时间中，其大部分时间都在闸北，而当时的闸北则是工厂林立、工人云集。学校与工厂相邻，便于附近的工人和他们的子弟 [1] 参加上大组织的各类教学活动。老校工龚兆奎回忆，在师寿坊来听课的人有粪箕工人、小贩小工，还有娘姨 [2]。出身闸北中华书局印刷厂学徒的工人领袖刘华半工半读，先后就读于上海大学的附中和大学部。工人穷苦的生活，频繁的罢工运动都在学生们的心中埋下了革命的种子。

（一）工人运动的战场

1926 年，闸北区域内的缫丝、制茶、日用化学品、

---

[1] 姚天羽：《培养革命干部的洪炉——上海大学》，《党史资料丛刊》1980 年第 2 辑，上海人民出版社 1980 年版。

[2]《访龚兆奎老工友》，上海市档案馆藏档案，档号 D10—1—52。

玻璃、搪瓷制品、印刷、机器制造等近代工业工厂增至300余家,当时被人称为"华界工厂发源之大本营"[1]。根据1928年上海特别市政府社会局绘制的《上海特别市工厂分布图》,上大所在的青云路不足一公里,其开设的工厂就达到了9家。资产阶级的野蛮压迫使得工人们自发开展经济斗争,反抗剥削。在上海诸城区中,"每逢运动,闸北总是闻风先动",在历次工、商、学运动中,都居于重要的地位[2]。

表3　1922—1926年上海工人罢工不完全统计（涉及闸北）[3]

时　　间	工　　厂	范围	人数	结果
1922.4.24—26	上海邮局	全市	700余人	成功
1922.6.5	上海丝厂	全市	1万余人	失败
1922.8.5	上海海员	全市	2 000余人	部分成功
1922.8.5—6	上海25—44家丝厂	闸北一全市	2万余人	失败

---

[1] 上海市闸北区志编纂委员会编:《闸北区志》,第十一编"工业",上海社会科学院出版社1998年版。

[2] 李天纲:《人文上海:市民的空间》,上海教育出版社2004年版,第161页。

[3] 此表根据唐玉良、王瑞峰主编《民主革命时期中国工运大事记》第124至313页编制,辽宁人民出版社1990年版。

时 间	工 厂	范围	人数	结果
1922.10.7	上海金银业	全市	800 余人	部分成功
1923.3.17	上海装订作坊	全市	1 500 余人	成功
1923.5.13	上海皮箱业	全市	1 000 余人	成功
1923.6.13	上海豆腐店	全市	5 000 余人	失败
1923.11.11	嫁妆店漆工	南北市	4 000 余人	成功
1924.4.10	上海装订业	全市	2 000 余人	成功
1924.6.8	制墨业	全市	430 余人	成功
1925.6.1—13	各业罢工	全市	20 万余人	成功
1925.6.18	上海码头工人	全市	3 万人	成功
1925.8.17	上海邮务工人	全市	2 500 余人	成功
1925.8.22	上海商务印书馆	闸北	4 000 余人	成功
1925.12.22	上海商务印书馆	闸北	不详	部分成功
1926.5.23	上海市中药业店员	全市	5 000 余人	成功
1926.6.6	闸北允余丝厂	闸北	3 500 余人	成功
1926.6.26	闸北 35 家丝厂	闸北	1.4 万余人	成功
1926.7.17	上海邮务工人	全市	2 000 余人	成功

据表可知，在上大存续期间，涉及闸北的工人罢工达到 21 次，期间还经历了顾正红事件、五卅运动、上海

工人三次武装起义等重大运动事件。闸北提供给中国共产党人广阔的舞台，这里聚集了当时上海最多的共产党员，成立了最早的共产党组织，邓中夏、向警予、瞿秋白、杨之华等人不断活跃在运动之中，同时他们也带动了上大学生积极参与工人运动，散发进步传单，开展革命演讲，举行示威游行，闸北同样是上大学生的战场。

（二）先进思想的传播地

1923年中共在上海建立了上海书店，在上大中具有强大影响力的《向导》《中国青年》等报刊，《社会科学概论》等上大教学讲义和翻译书籍都是依托该书店出版发行。1925—1926年上海书店出版的图书由位于闸北原香山路香兴里（今临山路会文路口）内的国华印刷所和位于新闸路638弄（原斯文里）的文明印刷所先后印制。另外，陈望道的《修辞学发凡》、施存统翻译的《社会意识学大纲》《经济学大纲》和刘大白讲义稿均由位于闸北宝山路宝山里的开明书店出版。

印刷所也是马克思主义的宣传阵地，无论是军阀还是租界当局，对这些印刷品都视若仇雠。上海公共租界工部局早在1924年便监控着社会主义书籍的印制，1926年军阀孙传芳更是查封上海书店。但这些马克思主义理论书刊在上大仍广泛传播，成为学生开展群众运动的理论基础和行动指南。

五、阶级之间的相互交流

上海大学以私立大学的标准进行收费，1924年《上海大学招考简章》的缴费标准为：大学部各系及美术科每半学年四十元，中学部高级中学班每半学年三十二元，中学部初级中学班每半学年二十二元[1]。跟当时工人的收入相比，其收费并不便宜，但实际上，上大招收了许多怀有救国思想的贫困青年，可以免费、欠费读书。

面向更广阔的工人群体，上海大学依托其独特的融入群众教育理念，借助平民教育，提高了工人文化水平，普及了革命知识，培养了工运骨干，让原本属于不同阶级的同学进行了深度的交流，成为革命的伙伴，为群众运动的开展创造了有利条件。

（一）迎入校门的贫困生

上海大学发出了"为建国"的响亮口号，吸引了来自全国各地的具有革命热情的青年，口耳相传之下，越来越多来自内地的穷苦学生聚集到了这所"弄堂大学"，成为了革命中心。

根据阳翰笙同志的回忆，"上海大学也很容易进去，

---

[1]《北京大学日刊》1924年1月25日，第1395期。

先问你的家庭出身、经历、干过什么，越穷越苦的学生越要收"[1]。因为上海大学规定交不出学费可以由教职员担保缓交，到期就由会计在担保者的薪水中扣除，所以许多贫困学生的学费都是由邓中夏等共产党员资助，其每月的薪水中扣除一半，甚至大半。[2] 曾任中国妇女界联合会临时主席、黄埔军校女生队指导员等职务的钟复光同志的回忆中，也明确了其学费都是由邓中夏老师交的。

（二）送进厂区的平民教育

上海大学的师生身体力行地参与了平民教育的方方面面。杨之华、张琴秋等人参与筹办租界西区和沪东地区的平民夜校[3] 等工作。邓中夏带领上大的学生轮流到沪西工友俱乐部教书。[4] 1924 年 4 月，西摩路上海大学平民学校正式开学。为了让更多群众受到基础教育，学校的一切师资和经费均由上大提供[5]。上大师生对平民学

[1]《阳翰笙同志谈二十年代的上海大学》，摘自《社会》1984 年第 3 期。

[2]《许德良同志的回忆》，王家贵、蔡锡瑶编著《上海大学（一九二二～一九二七）》，上海社会科学院出版社 1986 年版。

[3] 本书编委会编：《20 世纪 20 年代的上海大学》（上卷），上海大学出版社 2014 年版，第 149 页。

[4] 本书编委会编：《20 世纪 20 年代的上海大学》（下卷），上海大学出版社 2014 年版，第 1100 页。

[5]《上海大学平民学校有关章则》，本书编委会编：《20 世纪 20 年代的上海大学》（上卷），上海大学出版社 2014 年版，第 156 页。

校投入了大量的热情，同样也得到了社会上的热烈反响，根据《民国日报》的《"上大"平民教育消息》报道："自十五日晚分班开课后，因学生过多……闻报名者已达四百五十余人，实际上课者已达三百六十余人。[1]"

通过办学，学生与工人之间建立了良好的关系。在高尔柏同志和阳翰笙同志的回忆中，都有杨之华、彭进修等女同学与女工们交流的细节，女工们对待她们热情友好，时常请她们去家中做客，团结得很好。上海工人第三次武装起义之后，同学们和各个产业工会的联系更加强了[2]。

上海大学自1922年成立到1927年被迫关闭，优秀的中国青年、上大学子们在中国共产党的领导下，在革命教师们的熏陶下，在学习和战斗中累积知识和经验，深深扎根于中国底层群众之中。在革命陷入低潮之时，如同星火投入了更为广阔的工厂、农村，在后续的土地革命战争、抗日战争、解放战争等重要时期，他们始终坚定地站在了人民的最前面。

综上所述，笔者认为上海大学的师生能够始终贯

[1]《民国日报》1924年4月21日。

[2] 本书编委会编：《20世纪20年代的上海大学》（下卷），上海大学出版社2014年版，第1054页。

彻"读活的书"，走进群众、带领群众，造就一大批深受群众爱戴、从事工农运动的职业革命家，是政治环境的"天时"、是国共合作的"人和"，也是上海闸北地区"地利"的综合体现，当然其核心是马克思主义"群众观"和为了民族独立和人民解放而奋斗的崇高信仰。

探索中国先进知识分子在上海工人中的马克思主义传播
——以上海大学（1922—1927）为例

金思豪

一、马克思主义传播的阵地——上海大学

（一）上大基层党组织的创建与发展

中国共产党上海地方执行委员会兼区执行委员会于1923年7月成立上大（上海大学简称，同下）小组，有党员11人，占整个上海市党员人数的1/4。1924年1月13日，中共上海地委兼区委重新将上海的党员进行分组，上大增至17人，11月发展为23人。1925年4月，上大支部成立，是全市学校系统唯一的一个党支部。1926年3月，上大独立支部成立，直接受上海区委的领

导。3月上大独支共有党员 65 人；12 月 11 日，共有党员 130 人。[1] 在党组织规模方面，上大支部从党小组发展到党支部。在党员人数方面，从 1923 年的 11 人增长至 1926 年的 130 人。

上大的基层党组织的创建与发展，不仅使马克思主义在中国的早期传播具备了一定的组织形态，更推进了马克思主义在校园内外的宣传与教育，为中国革命的不断发展奠定了良好的理论与社会基础。[2]

（二）马克思主义成为主流思想

上海大学在当时被称作"著名的党化学校"。[3]

学校本身是非常复杂的，不可避免地存在一些派系之争。[4] 从上海大学师生的来源和政治倾向上可以体现这所"党化学校"的复杂性。

（1）上海大学师生的来源。上大的教师多出生于 1890 年代后期，辛亥革命他们没有直接参与过，而受到

---

[1] 刘长林、王君峰：《中共在上海大学传播马克思主义的历史经验》，《新文科教育研究》2021 年第 3 期。

[2] 黄宏、方华玲：《中国共产党初创时期的上海大学》，《百年潮》2020 年第 9 期。

[3] 上海市委党史资料征集委员会主编：王家贵、蔡锡瑶编著：《上海大学（一九二二～一九二七年）》，上海社会科学院出版社 1986 年版，第 7 页。

[4] 杨婧宇：《革命年代的政治文化：上海大学社会学系研究（1922—1927）》，华中师范大学 2014 年硕士论文。

1915—1919 年新文化运动和五四运动的影响很大。他们其中大多数人有过留学经历，以留学日本和俄国为主。[1]如邵力子、李季、蒋光赤等。陈独秀还先后把中共中央、中共上海地委和青年团中央的领导成员安排到上大任教，如施存统、恽代英等。李大钊推荐邓中夏、瞿秋白分别于1923 年 4 月、6 月来到上大工作。[2] 上海大学的学生，有的是从偏僻省份赶来的，有的是从海外归来的，有的是脱离其他大学（如北大）来的，有的是特意来考上大。1923 年上大的学生数有 163 名多，到 1924 年已增至 400 名。[3]

（2）上海大学师生的政治倾向。教员中除了邓中夏、恽代英等共产党员，也包括叶楚伧、陈德徵、何世桢、何世枚等国民党右派人物，刘大白、田汉、俞平伯等中间人物。学校分三个系：社会学系，主任由瞿秋白兼任；中文学系，主任是陈望道；英文学系，主任是国民党右派分子何世桢。他们有不同的政治倾向，学生们也如此，有共产党员、社会主义青年团员，有国民党员（左、中、

———————

[1] 王小莉：《革命时代中的上海大学（1922—1927）》，华东师范大学2013 年硕士论文。

[2] 王小莉：《革命时代中的上海大学 1922—1927》，华东师范大学 2013年论文。

[3] 邓中夏：《上大的使命》，黄美真等编《上海大学史料》，复旦大学出版社 1984 年版，第 182 页。

右三派都有），有国家主义派，有无政府主义者，也有不问政治的人。[1] 上海大学校内存在着各种政治派系，汇聚了一批拥有不同信仰的先进知识分子。

这个学校是当时社会的一个缩影，政治上和思想上的斗争很尖锐。校内共产党和拥护共产党的力量不断增长。[2] 在历史的潮流中，在斗争与牺牲下，马克思主义思想逐渐被大多数师生接受，成为主流思想。1924 年 1 月，国民党右派陈德徵纠集一部分人，反对共产党，反对共产主义，破坏师生团结，上大的中国共产党人立即团结党外进步师生，坚决反击，发动一场"驱陈运动"，最后迫使于右任（上海大学校长）将其解职。1924 年"黄仁事件"震动上海各界，黄仁被国民党右派雇佣的流氓殴打，重伤后不幸牺牲，中国共产党、国民党左派与国民党右派之间的矛盾日益激化，一些右派教师自觉在上大立不住足，相继离校，教师群体中，左派力量取得绝对优势，掌握了学校局面。之后，共产党员韩觉民担任校总务主任，中间人物周越然任英文学系主任，共产党人施存统任社会学系主任。[3]

---

[1] 杨婧宇：《革命年代的政治文化：上海大学社会学系研究（1922—1927）》，华中师范大学 2014 年硕士论文。

[2] 杨之华：《回忆秋白》，人民出版社 1984 年版，第 2 页。

[3] 郑超麟：《郑超麟回忆录》（上），东方出版社 2004 年版，第 56 页。

工部局曾宣称"该大学之大部分教授均系公开的共产党人，彼等正逐渐引导学生走向该政治信仰"。[1] 因此，有着多重身份的上大师生，以上大为阵地有意识地传播其意识形态，愈来愈多的学生接受和信仰马克思主义，上大被称为"共产党的宣传中心""共产党的大本营"。[2]

（三）小结

综上所述，随着基层党组织的不断发展和扩大、校内政治斗争的不断激化，以上海大学师生为代表的中国先进知识分子，逐渐接受和信仰马克思主义，上海大学最终成为马克思主义的传播阵地。

二、上大师生在工人中传播马克思主义的方式

（一）上大学子的社会活动

上海大学学生施蛰存曾提及上海大学的教师和学生："上海大学教授的真精神，……他们并不愿意一天到晚坐在讲坛上死教学生，他们也很知道大学生……在研究学问之外，还有许多事要做。上海大学的学生，都是

---

[1]《上海大学瞿秋白等活动》，上海公共租界工部局《警务处日报》，1924年12月。

[2] 上海市委党史资料征集委员会主编，王家贵、蔡锡瑶编著：《上海大学（一九二二～一九二七年）》，上海社会科学院出版社1986年版，第29页。

自觉的青年。……他们秉着刚毅不拔的勇气，从很远很远的地方赶到这上海大学来，不是来享福的，不是来顶大学生招牌。他们是能忍苦求学，预备做建造新中国的工人的。"[1]

其中"还有许多事要做"指的是做什么事呢？上海大学学生阳翰笙曾提及所做的事："我们这些学生在罢工时期帮助工人写传单，写标语，写口号，并且还教工人自己写。我们与工人结合得比较早。学校一方面在课堂上讲马列主义，从理论上武装我们，另一方面又引导我们理论与实际相结合，到群众中去开展工人运动、学生运动，在实践中锻炼我们。"[2]

上海大学学生是如何在工人群体中开展工人运动的呢？刘华是一名印刷行业的产业工人，进入上海大学附中半工半读后，思想上不断接受马克思主义熏陶，不久后就已被同学们称为"一个优秀的马克思主义信仰者"。[3]刘华常常到日本内外棉纱厂向工人进行演讲，他说："我们纺的棉纱，一根根拿在手里一拉就断。要是拧

[1] 施蛰存：《上海大学的精神》，《民国日报·觉悟》1923 年第 10 卷第 23 期。

[2]《阳翰笙同志谈二十年代的上海大学》，《社会》1984 年第 3 期。

[3] 中共上海市委党史资料征集季员会、上海市民政局合编：《上海英烈传·(第一卷)》，百家出版社 1987 年版，第 48 页。

成一股粗绳，任他大力士也拉不断。我们工人就是要团结起来，拧成一股又粗又长的绳索。这样就能捆住帝国主义、资本家的手脚。解放我们自己。"[1] 同时，他还深入到工人生活当中，对于工人所处的地位给予极大的关注，且更加痛恨帝国主义和封建军阀，他常常采用座谈会的形式给工人讲些革命道理，同工人一起分享和承担他们的痛苦，他向大家说："鬼子和他们的走狗，说什么'工字不能出头，出头就要入土'，他们是想用死来吓我们，不让我们起来斗争，这办不到！你们看，'工人'两字连起来就是个'天'字，我们工人要团结起来，要做天下的主人！"[2]

（二）平民学校的创办

1924 年，全国各地如火如荼地展开兴办平民学校运动，上海大学紧跟潮流，根据《民国日报》记载："该校人士向以改造社会为职志，对于社会事业，尤具勇猛进取的精神。近闻该校鉴于中国现社会实有提倡平民教育之必要，爰于四月一日，召集筹办平民教育大会，首由校务长邓安石说明开会宗旨，次由程永言报告参与全国

---

[1]《上海纺织工人运动史》编写组：《上海纺织工人运动史》，中共党史出版社 1991 年版，第 88 页。

[2] 中共上海市委党史资料征集季员会、上海市民政局合编：《上海英烈传·（第一卷）》，百家出版社 1987 年版，第 50 页。

平民教育运动大会之经过情形，复次讨论实施平民教育之种种方案……刻日招生云。"[1] 平民学校教师多为上海大学学生担任，平民学校教师如王秋心、杨之华、张琴秋、刘剑华、程永言等，多是上海大学学生中的共产党员和进步青年。[2] 学生则以劳工群众为主。

上大平民学校在刘华等人的主持之下，团结了许多工人阶级，为以后的工人运动奠定了基础。对象主要是劳工群众，其"除灌输普通知识外，尤致力于革命思想，促进其阶级的觉悟"。[3]

表 1　上海大学所办主要平民学校

学校名称	创办时间	受　众　群　体
西摩路平民学校	1924 年 4 月	失学劳动平民、青年工人等
杨树浦平民学校	1924 年 6 月	纱厂工人为主
民智平民学校	1924 年 11 月	手工业工人等

　　注：表格根据中国共产党杨浦（沪东）编纂委员会编《中国共产党杨浦（沪东史）1921—1949》，上海人民出版社 2011 年版，第 27—30 页整理得出。

---

[1]《平民教育消息汇志》，《民国日报》1924 年 4 月 5 日。

[2]《教育大辞典》编纂委员会编：《教育大辞典》第 3 卷，上海教育出版社 1991 年版，第 436 页。

[3] 黄美真、石源华、张云编：《上海大学史料》，复旦大学出版社 1984 年版，第 22 页。

在平民学校中，上海大学的学生是如何通过授课来宣传马克思主义呢？杨树浦平民学校创建于1924年6月，由上大学生张琴秋担任校长，学生多为各纱厂的工人，分为男工部与女工部，……学校老师沈泽民、杨之华等人深入工人群众，与工人谈心，针对不同层次工人采取不同讲课方式向他们介绍马克思主义思想，为使工人明白阶级不平等、贫富悬殊的道理，常采取"打油诗"的授课方式："富人坐在家中吃鱼肉，农民劳苦作工喝薄粥。富人哈哈笑，农工个个哭，不分东南和西北，富人笑穷人苦。"[1]民智平民学校创办于1924年11月，负责人为杨之华、张琴秋等人，教学员唱国际歌，介绍俄国革命，旨在用马列主义和革命道理启发工人觉悟。[2]

除了通过授课来讲解马克思主义，平民学校又举办哪些宣传马克思主义的活动呢？五卅运动之前，上大学校的党员团员就深入工人区域举办"平民学校"开展"红色工会"运动，并在运动中吸收积极分子入团入

---

[1]《中国共产党杨浦（沪东）史》编纂委员会编：《中国共产党杨浦（沪东史）1921—1949》，上海人民出版社2011年版，第27页。

[2]《中国共产党杨浦（沪东）史》编纂委员会编：《中国共产党杨浦（沪东史）1921—1949》，上海人民出版2011年版，第30页。

党。[1] 如宋三妹、朱秀英、周月林等，后来大多数或为中国解放事业献出生命，或继续奋斗在中国事业的前线。[2] 平民学校还曾举办十月革命庆祝会，"前日为苏俄十月革命纪念，特于下午七时开庆祝会，到者五六百人……并请蒋光赤先生将俄国革命后之情状，末呼中国国民革命、俄国十月革命、世界劳动革命万岁而散。"[3]

（三）工人补习学校的授课

中国劳动组合书记部通过开办工人补习学校，启发工人的阶级觉悟，培养工人运动的骨干。上海大学师生专程前往工人补习学校向工人授课。共产党"上大"支部有力地支援着小沙渡的工人补习学校。[4] 向工人宣传革命道理，进一步扩大马克思主义在工人中的传播。

在工人补习学校中，上海大学的学生是如何启发工人的阶级觉悟，进而宣传马克思主义呢？上海大学学生阳翰笙就曾采用贴近生活的教学方式，来向工人们授课。在授课中他先让工人发言，倾听他们受东洋人虐待、压

---

[1] 王小莉：《革命时代中的上海大学 1922—1927》，华东师范大学 2013 年论文，第 42 页。

[2] 王君峰：《1920 年代上海大学的马克思主义传播阵地——以平民学校与工人夜校为视角》，《黑龙江史志》2013 年第 4 期。

[3]《上大平校庆祝十月革命》，《民国日报》1924 年 11 月 9 日。

[4] 苏智良：《中共建党与上海社会》，《理论经纬》2011 年。

迫的亲身经历和困苦的生活状况。同时让工人们首先发问，围绕这些问题和工人们倾述的内容，再加以提炼归纳，运用学校学到的理论知识帮助工人了解帝国主义侵华的历史，讲授剩余价值学说，讲解封建经济和宗法社会制度，指出工人阶级的历史地位和使命，由此来鼓励工人增强内部的团结，为争取自身的解放而奋斗。如此将理论与工人的切身经历有机结合起来，取得了良好的效果。[1]

（四）小结

综上所述，上海大学师生通过开展广泛的社会活动、平民学校的创办、工人补习学校的授课，为马克思主义在上海工人中的传播起到了积极的作用。史料上就曾有记载：1920年代上海大学通过创办平民学校与工人夜校，为马克思主义传播提供了一个平台，教员邓中夏、刘华、杨之华、张琴秋等人以自由活泼的授课形式、通俗易懂的讲解理论与实践的相互结合，初步对马克思主义学说进行了系统的阐释，吸引了越来越多的听众，以致于"上海大学的学生数不清"。[2]

---

[1] 阳翰笙：《风雨五十年》，人民文学出版社1986年版，第85页。

[2] 上海市委党史资料征集委员会主编，王家贵、蔡锡瑶编著：《上海大学：（一九二二～一九二七年）》，上海社会科学院出版社1986年版，第8页。

三、上大师生在工人中传播马克思主义所起到的作用

（一）桥梁作用

以上海大学师生为代表的先进知识分子是马克思主义在上海工人中传播的重要力量。这一重要力量，无论是体现在创办平民学校，还是立足于工人补习学校，抑或是广泛的社会活动，它们都使工人有了现实中的场所，从而接触、学习马克思主义理论。

如果说马克思主义来到中国时的最初受众是高级知识分子，那么，在向社会大众宣传、介绍马克思主义的过程中，广大具有共产主义倾向的年轻学生，则是发挥了巨大作用。而此时，上大青年学生所做的工作，实际上正是起到了社会上层知识精英与普通民众之间桥梁"中介"的作用。[1] 在此过程中，上海大学师生既向工人传授文化知识，又向工人传播革命真理，确实推动了马克思主义在工人中的再传播。

（二）结合作用

中共四大上通过的《对于青年运动之决议案》中明确提出了："学生在目前的政治运动中，是重要的推动

---

[1] 黄宏、方华玲：《中国共产党初创时期的上海大学》，《百年潮》2020年第10期。

力……学生运动的最重要的目的，是怎样使学生能与工人农民结合起来，使他们到工人农民群众中宣传和帮助他们组织是相契合的。"

1925年，中共党员、工人顾正红被日本资本家枪杀。5月30日，五卅运动爆发，上海大学的学生便是该运动的先锋。在五卅运动中，学生们组织游行、演讲、发传单等活动，运动当日，就有38个上大学生演讲团上街演说，参与者达400人以上。他们痛陈当代世界社会主义问题，帝国主义侵略中国的情形以及惨杀我同胞的事实，进行宣传活动近半个月，发挥了关键的鼓动作用。[1]在轰轰烈烈的运动中，更有上海大学的学生何秉彝在帝国主义的炮火中为工人的权益献出了自己年轻的生命。由于上大学生在教育和组织工人方面发挥了重要作用，极大促进了上海革命运动发展和 党的力量壮大，上大因此被视为"爆发五卅的策源地"[2]"传播、影响革命思想和掀起革命运动的活动中心"[3]。在革命实践尤其

---

[1] 本书编委会：《20世纪20年代的上海大学》（下卷），上海大学出版社2014年版，第706—708页。

[2] 本书编委会编：《20世纪20年代的上海大学》（下卷），上海大学出版社2014年版，第1014页。

[3] 本书编委会编：《20世纪20年代的上海大学》（下卷），上海大学出版社2014年版，第1014页。

是五卅运动中，许多上大学生作为中共领导的革命运动骨干得到充分锻炼，实现了思想上和行动上的无产阶级化。正如周文在所述，上大出革命干部不仅是因为马克思主义教育和党的领导，还在于学生积极参加各种革命实践，"除了上课就是搞社会活动，办平民学校，出刊物，运动不断"，在革命实践中通过锻炼和提高，完成了向职业革命家的转变。[1]

四、总　结

在 20 世纪 20 年代的时代背景下，以上海大学师生为代表的中国先进知识分子，依托上海大学这块中国共产党早期传播马克思主义的阵地，通过社会活动、创办平民学校、授课工人补习学校等多种方式，在工人中广泛传播马克思主义，在一定程度上提升了工人阶级的思想觉悟，促进马克思主义在上海工人中的传播，为马克思主义中国化做出了历史贡献。

---

[1] 本书编委会编：《20 世纪 20 年代的上海大学》(下卷)，上海大学出版社 2014 年版，第 1144 页。

大革命时期的红色大学

——上海大学在上海工人运动、反帝爱国斗争中的作用与历史地位

戚　斌

一、上海大学的创建

1922 年 10 月，位于上海闸北青岛路（后改为青云路）东南高等师范专科学校的学生因校方借学敛财，校政腐败，掀起罢课风潮。罢课学生主张改造学校，邀请共产党人陈独秀或国民党元老之一于右任为校长。此时，中共二大作出同国民党建立联合战线决议，中共中央考虑到请国民党方面出面办校，有利于更好更多的培养革命人才，决定力邀于右任出任校长，改校名为上海大学。同年 10 月 23 日，上海大学正式成立。

于右任在原有基础上创建上海大学遇到很多困难，其中最急需的是办学人才。他认为"社会党（指中国共产党——引者）乃吾国新起为政治活动之党。吾闻其党多为青年，有主张，能奋斗之士。"[1] 因此他与共产党领导人陈独秀、李大钊进行商讨，希望中国共产党能派出骨干力量参与一起办学。李大钊推荐了邓中夏、瞿秋白，他们分别于1923年4月、6月受聘出任上大总务长、校务长。此外陈独秀还先后把中共中央、中共上海地委和青年团的一些重要成员安排到上大任教，其中包括蔡和森、李汉俊、张太雷、恽代英、任弼时、萧楚女、沈雁冰、施存统、彭述之、安体诚、侯绍裘、杨贤江、张秋人、高语罕、郑超麟、萧朴生、蒋光慈等等。

与此同时，为使上大能够进一步承担起宣传马克思主义和培养革命干部的重任，充分发挥中共党员的先锋作用，我党于1923年7月建立上海最早的党小组——上海大学党小组。"……全上海分四个小组：第一组（上海大学）共十一人，其中有瞿秋白、张太雷、邓中夏、施存统、王一知、许德良、林蒸，以林蒸为组长。"[2]

---

[1] 于右任：《国民党与社会党》，《东方杂志》二十周年纪念号，1924年1月。

[2]《茅盾回忆录》（六），《文学与政治的交错》，《上海大学史料》，复旦大学出版社1984年版，第111页。

随着一大批中国共产党早期党员、马克思主义者到校任教，上海大学迅速成为中国共产党宣传和传播马克思列宁主义的重要阵地。他们充分利用课堂和党的刊物，结合中国革命实际，发表了大量文章，讲授马克思列宁主义，传播革命思想。

高举革命旗帜的上海大学，吸引了大批致力于民族解放、追求真理的青年学生的加入。他们当中有四川、湖南、安徽来的，也有云南、贵州、广西等偏僻省份的，还有旅居海外的归国华侨等等。如四川同学何秉彝，原在上海大同大学学习理科，但他看到了当时苦难深重的中国，决心要"为二十世纪的社会谋改造"，"为二十世纪的人民谋幸福"[1]，毅然离开大同大学转入上大社会系学习。进入上大学习的王稼祥入学后，也给朋友写信感慨道："上大为革命大本营，对于革命事业，颇为努力。余既入斯校，自当随诸先觉之后，而为革命奋斗。"[2]他们两位的话充分展示了当年进步青年追求真理，献身革命而投奔上大的心声。

中国共产党就此在上大发展了大量优秀学生入党。1923年11月22日，上大学生刘剑华（刘华）、张景曾、

---

[1] "何秉彝致父母的信"，1924年8月，原件存上海烈士陵园。

[2] "王稼祥给友人的信"，《党史研究资料》1981年第11期。

龙康庄（龙大道）、薛卓汉、王逸常、徐梦秋、许乃昌经中共上海地委批准入党。1924 年上大小组又吸收杨之华、李硕勋、曾延生、郭伯和、高尔柏、康生（赵容）、伍修权等加入中国共产党。1926 年 3 月，中共上海区委决定，成立上大独立支部直属上海区委，高尔柏、康生先后担任书记，到了这年底 12 月，有党员一百三十人 [1]。

党又指示和领导了上大师生中的党员积极参与领导工人运动，广泛开展反帝爱国斗争，投身轰轰烈烈的大革命运动，使上海大学成为第一次国共合作时期一所充满革命激情的红色学府。

二、创办工人夜校，深入上海工人集中地区开展工人运动，领导工人罢工斗争

1. 开办工人夜校

1924 年春中共中央在上海召开扩大会议，陈独秀在会议上作了报告，"他着重谈到中共要发展自己的组织……多数党员应积极领导职工运动等工作，从事独立发展。" [2] 会议要求各级党组织到工人群众中去发展工人

---

[1] "关于 1923 年至 1927 年上海大学党组织的发展情况"，《党史资料丛刊》1982 年第 2 辑。

[2] 张国焘：《我的回忆》第一册，东方出版社 1980 年版，第 328 页。

运动。

中共上大党小组为了贯彻中国共产党振兴工人运动的指示，密切党与工人阶级的关系，提高工人们思想觉悟，创办了工人夜校。此项工作由在组织工人学习、开展革命活动方面有着丰富经验的邓中夏亲自主持。中共上海地委以上大师生为骨干，在上海各工人集中地区，如沪西小沙渡、沪东杨树浦、吴淞、南市等开办工人夜校、工人补习学校。邓中夏、蔡和森、恽代英、萧楚女、任弼时、沈泽民和刘华、杨之华、刘一清、薛卓江等师生轮流到校授课、演讲。"那时候，党以上海大学为基础，在上海各区开办了好些工人夜校，……教员是义务的，我执行党的指示，也参加了工作。……"[1]

"……共产党也以沪西为工运重点之一。党和社会主义青年团派出若干党团员（很多的是上海大学学生）到沪西工人集中区办工人补习班，与工人建立感情；然后又扩大为工人补习学校；到1924年夏在补习学校基础成立了小沙渡沪西工友俱乐部"，[2] 以进一步团结和组织工人，准备新的更大的斗争。上大师生邓中夏、蔡和

---

[1] 杨之华：《忆秋白》，《上海大学史料》，复旦大学出版社1984年版，第133页。

[2] 《茅盾回忆录》（七），《五卅运动与商务印书馆罢工》，《上海大学史料》，复旦大学出版社1984年版，第133页。

森、恽代英、刘华、杨之华、张琴秋等多名人员先后被派去那里教书、演讲。他们的讲课内容浅显易懂，生动活泼，吸引了许多工人。同年底，俱乐部就在沪西各厂建立了秘密的工厂小组，近2000名工人先进分子加入工厂小组，其中"有8人秘密入党并组建了小沙渡工人党小组"[1]，这为中共发动和领导上海日商纱厂的大罢工，奠定了扎实的组织基础。

2. 参与领导上海日商纱厂"二月罢工"

1925年1月，党的"四大"在上海召开。"四大"明确把工人阶级在民族革命中掌握领导权写进了决议中："在殖民地的中国，工人阶级不仅为本阶级的利益而奋斗，同时还要参加民族革命运动，并且在民族运动中须取得领导地位，但工人阶级要真能达到领导者的地位，督查其他阶级前进，其自身就须有强固的组织和独立的工作"[2]。为此，成立了由张国焘、邓中夏、李立三、刘少奇、李启汉、项英、林育南等组成的中央职工运动委员会[3]，预示着中国工人运动又一个新高潮即将

---

[1]《上海地委四月以来工作报告》，载《上海工人运动史》（上卷），辽宁人民出版社1991年版，第173页。

[2] 中共四大"对于职工运动之决议案"，载《中共中央关于工人运动文件选编》（上），档案出版社1985年版，第44页。

[3] 张国焘：《我的回忆》，东方出版社1980年版，第383页。

到来，上海日商纱厂"二月罢工"就是其中的标志性事件。

这次罢工起因是"2月2日小沙渡内外棉八厂日商厂主毒打女工并大批开除粗纱车间男工50人"[1]，引发工人的不满，4日起开始工人自发罢工，要求厂方结算工资，发还存工。日人拒绝发给，抓捕了6名工人积极分子，以"煽动罢工"罪押送会审公廨。7日，日本驻上海领事竟然勾结会审公廨，判处一工人拘禁3周，其余5人遭训斥。这进一步激起了工人群众的愤怒，纷纷要求沪西工友俱乐部为工人主持公道，带领纱厂工人一起罢工。中共中央和上海地委在接到工友俱乐部的报告后，讨论认为小沙渡地区日商纱厂的群众经过我党宣传教育，政治上有了一定的觉醒，决定发动一次有相当规模的罢工斗争，以期掀起新一轮工人运动的大风暴。中共中央专门成立了指挥这次罢工的委员会，指定李立三、邓中夏、项英总负责，并"命令上海百余名中共党员全体动员投入战斗。"[2] "二月初，我们接到上海地委的紧急通知，要我们派人组织罢工委员会，领导工人起来罢工。学校支部派邓中夏、刘华、郭伯和……和我等几个人到

---

[1]《据刘贯之报告工潮起因》，上海《民国日报》，1925年2月23日。

[2] 邓中夏：《中国职工运动简史》，新华书店1949年版，第190页。

沪西工友俱乐部，和李立三一起工作。……"[1] 2月8、9日内外棉东西五厂、七、八、十厂相继开始罢工。根据党的指示，刘华与罢工工人商定由工友俱乐部代表工友向日商提出"不准打人、增加工资、恢复被开除工友的工作和释放被押人员、承认工友俱乐部有权代表工人"等六项条件。与此同时，工友俱乐部派出骨干联络其他各工厂小组，着手准备进行同盟罢工。到2月18日，罢工怒潮囊括了内外棉、日华、大日本、丰田、同兴和东洋纺6个株式会社日本在沪的大部分纺织厂，共计22家，4万余名工人。

"二月罢工"坚持了二十多天，有力打击了日本帝国主义，迫使日本资本家做出妥协，部分满足了工人提出的复工条件，释放了被捕工人。

邓中夏带领上海大学革命学生积极参加支援罢工斗争。他们轮流到工人聚集地宣传演讲，揭露日本资本家对中国工人的压迫剥削，并散发各种宣言、传单和快报，号召大家拧成一股绳，罢工到底、争取罢工斗争的最后胜利。

担任这次罢工前沿总指挥的刘华、杨之华表现得极为突出，展现出不凡的领导组织能力。刘华全身心

---

[1] 杨之华：《忆秋白》，《上海大学史料》，复旦大学出版社1984年版，第133页。

投入斗争，把铺盖行李带到沪西工友俱乐部，和罢工工人吃住在一起。他满腔热情地忘我工作，轮流召集各厂的工人代表开会，分析罢工形势，研究斗争策略，耐心细致地指导他们开展工作。据租界工部局密档：由于煽动分子在该地区夜校[1]内召集工人会议，更使工人厌恶日人感加深。……这些夜校在工人中散布布尔什维克思想。……有刘华者，该时在上海大学，系一学生，同时又是夜校教员，于二月十三日代表学生出席在闸北三德里一号工人俱乐部召开之会议。会上通过了赞同罢工的决议。……[2]他还出席各厂的会议，帮助各厂建立和巩固工会组织，鼓励工人坚持斗争。刘华凭借这种艰苦奋斗的作风、忘我战斗的精神，深得工人群众的爱戴和信任。二月九日内外棉第八厂全体工人开始罢工……大家到苏州河对面谭子湾空地上开大会。参加大会的工人约有一万多人。当时在大会演讲的有邓中夏、杨之华。……工人对杨之华是陌生的，但因她是上海大学的女学生，立刻受到女工的热烈欢迎。那时候，杨之华还是上海大学的学生，但在学校中（她是"上大"学生会

---

[1] 指"沪西工友俱乐部"所办之夜校。

[2]《一九二五年五月及六月之总罢工》,《工部局戒严案 4027 号》,原件存上海市公安局。

执行委员），她参加的工人运动，都显示出她非凡的活动能力和卓越的组织才能。……[1]

上大师生领导参与"二月罢工"斗争，与纱厂工人的联系扩大了，他们和工人打成一片，走上了知识分子和广大工人阶级相结合的道路，提高了工人阶级意识和革命觉悟，也积累了自己斗争经验，为此后的"五卅"反帝爱国运动打下了坚实基础。

三、投身于轰轰烈烈的反帝爱国运动

"二月罢工"虽然取得了初步胜利，但是日本资本家不甘心于失败，到了5月就背弃"二月罢工"签订的协议，任意开除工会代表，于是日纱厂工人再次发起罢工风潮。日人认为"目前这一运动的性质已经不是一个普通的工潮，并非仅对日本雇主而发的。……其目的是在中国广泛的反对外国的斗争和资本主义。那些煽动分子和狂热分子煽动罢工的经费则由本市一所大学[2]所供给。这所大学被认为是俄国布尔什维克的宣传

---

[1]《茅盾回忆录》（七），《五卅运动与商务印书馆罢工》，《上海大学史料》，复旦大学出版社1984年版，第134页。

[2] 这里所指的"一所大学"为"上海大学"。

机关。"[1] 日商纱厂厂主对这次工人罢工断然采取屠杀政策。5 月 15 日，内外棉七厂日本资本家指使日人工头元木、川村等人枪杀了共产党员、工人代表顾正红，这激起了中国民众巨大的民族义愤。5 月 16 日，中共中央发布三十二通告，号召工农学商各界社会团体一致援助上海日商内外棉纱厂罢工工人，掀起一场群众性的反对东洋人杀害中国人的大运动。

"首先代表此种民族义愤而起来援助工人的就是学生。"[2] 为了让广大群众了解顾正红血案真相，动员各阶层群众起来反抗帝国主义，中共中央决定于 5 月 24 日在闸北谭子湾广场召开顾正红烈士追悼大会。大会当天上海的工人、学生和各社会团体近 6 万人参加。刘华主持大会，恽代英发表演讲，会后散发传单和宣言。

中国人民的正义行动，引起帝国主义的极端仇视，他们蓄意进行破坏。"一九二五年五月二十四日，在闸北举行追悼会，……追悼会中有著名共产党人及某中国大学有关系者之演说。同时下午十二时五十分，上海大学学生组织游行……前往追悼会，游行者执旗，并散发有

---

[1]《上海日本商业所主席田边致工部局总董费信淳函》,《工部局总办处卷宗 2879 号（二）》。

[2] 邓中夏:《中国职工运动简史》,新华书店 1949 年版,第 192 页。

排日性质之小册子，均被拘押，其中四人并因散发小册子起诉处罚。……"[1] "……该校教职员随赴捕保释，捕方坚不许。……[2]"

5月28日，中共中央在上海召开会议，提出把工人阶级的经济斗争转变为反对帝国主义的政治斗争。同时决定于30日，会审公廨日本领事审理被捕学生的这一天，在租界组织举行反对帝国主义的示威，"……只要发动工人、学生上街演讲，是可能把工人的罢工扩大为国民革命运动的。……30日，工人、学生上街演讲。指挥部设在望志路（兴业路）永吉里34号，由恽代英、侯绍裘负责指挥。高尔柏则坐镇环龙路上海执行部，负责对外联络工作。……上海大学负责南京路以南，派定由我指挥。……"[3] 上大学生和复旦、同济、南洋等各校学生以及工人宣传队两千多人，进入南京路租界演讲示威，散发反帝传单，控诉日人枪杀工人、逮捕学生的罪行，高喊"打倒帝国主义"、"废除不平等条约"、"收回租界"等口号。

大批武装巡捕抓捕讲演示威的学生、工人，南京路

---

[1]《英国委员戈兰之报告》,《民国日报》1926年2月17日。

[2] 孙祖基编：《五卅血案实录》,上海学生联合会1925年出版。

[3] 黄旭初：《我在上海大学的一段经历》,《上海大学史料》,复旦大学出版社1984年版，第139页。

老闸捕房关押了上百名学生和市民。时至当日下午，广大学生、工人和市民近万人像潮水一样涌向老闸捕房，要求释放被捕人员。巡捕房总巡捕英人爱活生竟然丧心病狂地下令向手无寸铁的人群开枪镇压，上海大学学生、共产党员何秉彝等十三人中枪牺牲，数十人受伤，制造了震惊中外的"五卅惨案"。

"五卅惨案"发生的当天深夜，中共中央召开紧急会议，决定组织行动委员会，进一步发动各阶层群众向帝国主义进行反击，结成广泛的反帝联合阵线，发动全上海罢工、罢课并推动总商会下令罢市，一场波澜壮阔、声势浩大的反帝爱国斗争高潮——五卅运动，就这样从上海开始，并迅速向全国蔓延。

6月1日，我党领导的上海总工会公开成立，李立三、刘华任正、副委员长，刘少奇任总务主任。总工会成立后，号召"上海全埠工友全体一致罢工，报仇雪耻，反抗残暴杀人的外国强盗。"[1] 自此，上海二十万余工人先后加入总同盟罢工，五万学生举行罢课，十多万店员参加罢市。上海人民的"三罢"斗争开展起来了。

"三罢"运动开始后，中共中央又积极推动反帝联合阵线的建立。6月4日，由上海总工会、全国学生联合

---

[1]《热血日报》1925年6月4日。

总会、上海学生联合会和各马路商界联合会组成的反帝统一战线组织——"上海工商学联合会"，成为这次反帝爱国运动领导机构，继续巩固和发展这一运动。

五卅运动爆发后，上海大学师生在党的领导下，积极投身到这股滚滚的革命洪流中，参加社会各方面的工作，广泛发动组织工人、学生、教职人员、妇女、商人等各阶层，汇聚成巨大的反帝爱国力量，充当了五卅运动的先锋，起到了主力军的作用。所以人们称赞道"北有五四时期的北大，南有五卅时期的上大"。

专题论文

论刘华对上海工人运动的贡献
——以 1923 至 1925 年大革命时期为例

蔡婉舒

　　刘华，原名刘炽荣，字剑华，1899 年出生于四川宜宾县泥溪陈车沱（现属宜宾县泥溪公社新泥大队）一个贫苦的佃农家庭。他从小勤奋好学，少年时期就胸怀大志，他以"陶侃运甓"，祖逖"闻鸡起舞"来鞭策自己。刘华九岁进小学，十六岁高小毕业，后来因无力筹措学费而失学。为了谋生，他离开了家乡，在川北、乐山等地的工厂、茶馆打工，还曾在军队中当过兵。在流亡途中，他亲眼所见的严酷社会现实，使他意识到要拯救人民于水火，只做一个"笔下虽有千言，胸中实无一策"的书呆子是无用的。读书人也应该学会一些治国平天下的本领。

五四运动的爆发，使他的人生观受到进步思想的洗礼。1920年秋，他远赴上海进入中华印刷厂当学徒，成为一名工人。在三年的工作中，他刻苦攻读，寻求真理。在每日工作之余，抓紧一切时间看书学习、补习外语，并接触到了《共产党宣言》《向导》等革命书刊，同时也加深了对"劳工神圣"这一思想的认识。他与邓中夏、李立三、刘少奇等人一起，组织并领导了轰轰烈烈的五卅反帝运动，在中国工人运动的历史上留下了光辉的足迹。

一、向往真理赴上海大学求学，组织沪西工人运动启发工人觉悟

随着统一战线的建立和全国革命形势的发展，党加强了对上海工人运动的领导，首先是参与创办上海大学，作为培养革命干部的阵地。共产党人瞿秋白、邓中夏、恽代英、萧楚女、蔡和森等相继来上海大学任职任教。1923年8月13日，在上海大学总务长邓中夏的介绍和经济担保下，刘华正式考进上海大学中学部，成为上海大学的一名学生，开始了他的革命生涯。在进入上海大学的第二天，刘华给叔叔刘选皋写了一封信，信中写道："正是我由中华书局脱离入上海大学的那一天，——十三

号，七（月）初二日。——心里十分欢喜。也是我这一生的历史上大大的一件幸事。"信中还写道："我们现在的年轻人，只要认清了前途，就是拼命也要去干，总希望有一个好结果。"[1] 在上海大学求学期间，刘华曾多次聆听瞿秋白、邓中夏、恽代英等人的讲授，思想政治觉悟上有了很大的提高。在这期间，他还经常在报刊上发表文章，以尖锐的笔锋，进行革命宣传，唤起工人的觉醒，提高工人的觉悟。他除了撰写评论文章以外，还坚持半工半读，发挥自己的所长，帮助学校刻写蜡纸、印刷讲义，来解决生活和学习的费用。1923 年是刘华革命生涯的起点，在上海大学期间他加入了社会主义青年团，同年加入了中国共产党，并被推选为上海大学学生会执行委员。

　　1924 年秋，刘华根据党组织的安排，来到沪西工友俱乐部工作接替调往外地的稽直[2]，担任沪西工友俱乐部秘书。俱乐部的宣传活动形式多样，包括工人识字班、文化补习班、演讲会等。识字班和补习班每三天有堂政治课，讲阶级、阶级剥削、阶级压迫和阶级斗争，以及

---

[1] 马静：《革命烈士书信》，吉林人民出版社 2010 年版，第 123—124 页。

[2] 1924 年夏天，俱乐部建立后，稽直被任命为主任。中共江苏省委党史工作办公室主办《党史资料与研究》，2004 年，第 163 页。

工人团结和工会组织。演讲会则宣讲国家大事和有关工人切身利益等问题。在俱乐部，刘华工作主动深入，积极负责，很快和工友们打成一片，并教他们识字学文化，用通俗易懂的方式讲述革命真理。他从早到晚都和工友们在一起，白天到内外棉第七厂（原上棉二厂）当勤杂工，借助勤杂工可以到处流动的条件，广泛接触工人，把各处工人如何反抗资本家的英勇事迹讲给他们听。刘华还编写了一些鼓词和顺口溜，如一首他在沪西工友俱乐部教书时编写的新大鼓词中写道："兄弟姐妹们，睁眼望望正，帝国主义资本家，不做工来专门剥削人，拿我们当牛马，做活儿养他们。青年工友们，我们要翻身，齐心协力，打倒他们，工厂归工人！"他用这种工人们喜闻乐见的形式来揭露帝国主义侵略和资本家剥削工人的反动本质。到了晚上，他与邓中夏等人在俱乐部给工人们上课、与工人们谈心。在讲到工人受压迫剥削时，许多人流下了眼泪。刘华向他们介绍江西安源工人斗争的先进经验时说道："我们纺的棉纱，一根根拿在手里，一拉就断，要是拧成一股粗绳，任他大力士也拉不断。我们工人就是要团结起来，拧成一股又粗又长的绳索。这样，就能捆住帝国主义、资本家的手脚，解放我们自己。""我们眼前的任务，就是要像安源那样，把工人都组织起来，加入俱乐部，紧密地团结在一起。希望你们尽力团结各厂工友，准备斗争！"在刘华的耐心帮助下，许多工友们很快加入了俱乐部，其中有不少人成为了上海工人运动的骨干力量。他们中的顾正红、陶静轩、孔燕南（女）、郭尘侠、李振西、王有福，都是在俱乐部内受革命思想的教育而成为上海工人运动的中坚分子。在全国、全市革命形势日益高涨的条件下，刘华具体负责的沪西工友俱乐发挥了重要作用，促使上海工人运动从低潮走向高潮，一步步恢复和发展起来。

二、在罢工运动中成长，掀起"二月罢工"和五卅运动的高潮

（一）日本纱厂"二月罢工"

1925年2月，上海日资纱厂工人为反对日本资本家打人和无理开除工人，要求增加工资而罢工。在沪西工友俱乐部的领导下，各厂相继罢工，并成立内外棉纱厂工会，拉开了"二月罢工"的序幕。2月10日，"内外棉"五、七、八、十二厂的工人集会潭子湾，刘华主持大会，宣布"内外棉"各厂罢工开始，刘华执行中央指示，通过沪西工友俱乐部积极发动群众，扩大罢工规模。2月18日，日商纺织公司所属工厂罢工已发展到二十二个，人数达四万余人，罢工从小沙渡发展到杨树浦，几

乎席卷全部上海日本纱厂，形成声势浩大的反日罢工斗争。"二七"惨案发生后，一度消沉的中国工人运动，开始出现了新的高潮。刘华是这次罢工的前沿总指挥之一，在每日放工后，他亲自到工厂演讲，鼓励工人团结一致、斗争到底，争取罢工胜利。在罢工期间，刘华日夜与工人一起，同住在潭子湾的茅草棚中，一同啃大饼，一同睡稻草铺。他往往是边吃边和工人交谈，他还经常返回中华书局印刷厂，避开工头，和工人们一起秘密排印传单，使党的指示、工人的需求迅速传遍上海。沪西纱厂工人的"二月罢工"，是上海工人在1925年响起的第一声春雷，也是五卅运动的前奏。在罢工斗争期间，刘华还带动并培养了"五卅"烈士顾正红、上海工人三次武装起义英雄陶静轩等优秀干部，扩大了各业工会组织，加深了中国共产党在上海工人中的影响。

（二）以工人阶级为主力军的五卅运动爆发

为了巩固和扩大工人阶级的组织，加强对全国工人运动的领导，1925年5月，第二次全国劳动大会在广州举行。大会决定正式成立中华全国总工会，以便统一领导全国的工会。随着中华全国总工会的成立，工人运动日益高涨。5月15日下午，上海内外棉第七厂日本资本家无理开枪射击工人阶级的先锋战士、共产党员顾正红。当晚，刘华赶赴中华书局印刷厂，召集工人积极分子，痛陈顾正红惨案真相，请求印刷业声援。第二天他不顾重病在身，召集各厂罢工工人集会潭子湾，并组织成立罢工委员会，刘华、孙良惠、张佐臣任总主任，与此同时，筹组纠察队、交际队、讲演队、救济队，并向各工会、学校、报社发出宣言，揭露日本帝国主义的暴行，号召全上海工人、学生、市民联合起来，进行反帝斗争。5 月 17 日凌晨，[1] 共产党员顾正红终因伤势过重，英勇牺牲。顾正红的牺牲，激起了全上海、全中国人民的巨大愤怒。他像一颗火种，点燃了五卅运动的燎原烈火。几天内，杨树浦、闸北、曹家渡各区工人，一批批前往沪西，希望得到刘华的指导与帮助。这时的刘华，不仅是沪西十几万工人的首领，而且成为全上海工人的领袖。5 月 30 日的清晨，刘华集合工人积极分子从潭子湾来到公共租界，控诉帝国主义屠杀中国工人的罪行。大家同仇敌忾，义愤填膺。当天下午，群众越聚越多，情绪越发高涨。残暴的帝国主义向手无寸铁的群众开枪扫射，人民的鲜血染红了南京路。五卅惨案发生后，刘华即刻赶回潭子湾，号召各级工会发动群众扩大罢工。根据党中央的指示，由李立三、刘华等人组成五卅运动罢工委

[1] 中共上海市委党史研究室、中共上海市教育工作委员会编《上海英烈故事》上卷，上海教育出版社 1999 年版，第 10 页。

员会直接领导罢工斗争。在五卅运动爆发后的第二天，1925 年 6 月 1 日，成立了由李立三任委员长、刘华任副委员长的上海总工会。上海总工会的成立，也标志着上海工人阶级的斗争，进入了一个崭新的阶段。刘华是上海总工会的第一代领袖人物，为上海总工会树立了榜样。在党的领导下，刘华和他的战友始终站在革命斗争的前列，带领着上海工人阶级与帝国主义做抗争。

三、矢志不渝投身革命，成为无产阶级的优秀战士

在五卅运动期间，刘华曾收到家信，信中得知老家遭遇土匪洗劫，弟弟被杀害，父亲遭绑架，母亲受重伤，祖母病危。家中希望他即刻回老家。在面对家国之间的两难抉择中，他回信写道："国家衰弱，强邻欺侮，神圣劳工，辄为鱼肉。我亦民族分子，我亦劳工分子身负重任，何以家为？须知有国方有家也 [1]。"他以民族、阶级利益为重，舍"小家"而为"大家"。

刘华的舍身为国，与帝国主义及北洋军阀作不屈不挠斗争，被国内外反动势力视为眼中钉、肉中刺。1925

---

[1] 本社编：《革命烈士书信（续编）》，中国青年出版社 1983 年版，第 4—6 页。

年9月18日，上海淞沪戒严司令奉系军阀邢士廉，在英日帝国主义指使下封闭上海总工会，并通缉李立三、刘华等工人领袖。12月17日晚，在上海总商会欢迎军阀孙传芳的酒会上，日本商团总头目和英国驻沪副领事向孙传芳鼓动说："刘华是中国劳工的领袖，上海屡次罢工，皆为其煽动，如不重办，上海的秩序十分危险。"孙传芳听后，马上传令淞沪戒严司令严春阳，立即将刘华"秘密枪决，灭尸不宣"。深夜11时许，刘华被推上密不透风的囚车，飞快地驶向南市蓬莱路。"打倒帝国主义！打倒军阀！工人阶级万岁！共产党万岁！"嘹亮的口号声划破黑暗的天空。刘华的一生永远定格在了26岁，他为无产阶级、为中华民族的解放事业战斗到最后一刻，实现了他生前的誓言："愿拼热血如春雨，洒遍劳工神圣花。"

四、小　结

中国共产党筚路蓝缕，一路披荆斩棘。在这段艰难曲折而又波澜壮阔的岁月里，无数英雄烈士前赴后继地投身于伟大的革命事业。刘华是中国共产党优秀党员、早期工人运动的学生领袖。他舍家为国，为伟大的革命事业献出了自己的生命，这位出生在岷江畔的骄子，在上海这片红色热土留下了深刻的足迹。如今，生活在和平年代的我们，也更应该不忘初心、牢记使命，学习英烈不怕牺牲、无私奉献的精神，铭记革命先烈的故事，让理想之花永远绽放。

口述回忆

回忆上海大学

薛尚实 [1]

未进上大前所听到的

我在南方读书的时候，和两位同乡的同学经常来往，一位是陈志莘，一位是张西孟。

1926 年春天，我们在宿舍里用打气炉子烧饭吃。边吃边谈，从饭菜的味道谈到读书等问题。我们都是穷学生，谈到最后，总要提到下个学期学费怎么办？陈志莘

---

[1] 薛尚实（1903—1977 年），广东梅县人。1928 年 2 月加入中国共产党。1959 至 1966 年在上海社会科学院历史研究所从事中国现代史研究。

说：他有一位亲戚在上海大学读书，读了一年书，学费至今还拖欠着，而且在这所学校里学到了很多东西。我们就追问他上大究竟办得怎样？他说："上大办得好，是制造炸弹的！"这句话说得很新奇，我继续问他这话的道理何在？他接着就解释所谓制造炸弹就是培养革命干部的意思。

当时，我们在学校里读书正读得心乱如麻，死气沉沉，还今日不知明日事。听他一席话正中下怀，以后我们常打听怎样才能进上海大学。

过了一个星期，心里实在憋不住了，又一起议论这个问题。末了，张西孟自告奋勇，愿打先锋，到上大去看个究竟。

他从上海回来，如此这般的讲了一次，讲得比陈志莘知道的还要详细，于是我们决定下学期转学上大。

青云路师寿坊第三条弄堂

这年秋天，上大开学了。张西孟搬进上大的当天，就写信来催我去办手续。到了上海，我把书籍行李运到青云路师寿坊的时候，东寻西找仍找不到上大的校牌。等了片刻，走过一位学生模样的青年，我就问他上大在哪里，他向弄内一指说："在师寿坊的第三条弄堂里。"

这样，我才找到了这所久已闻名的大学，经过张西孟等帮助，办了入学手续，成为这所大学的学生。

上大是弄堂大学，这样说是很恰当的。它没有校门，没有大礼堂，没有图书馆，也没有运动场。这里有两件事最惹人注意：一是庶务课的门口挂有一大幅红布，上面贴着各式各样纸头上写的文章、诗歌、学习心得和漫画等等，右角上写着"上大学生墙报"。另一件是收发室的客堂里摆了一个书摊，《向导》《新青年》合订本、《中国青年》以及各种社会科学书籍、文艺书籍等摆得很多。原来是上海书店在学校里所设的书摊。当然，这是别的大学里没有的。

我们的课堂大大小小都有。

把两幢石库门房子楼上的墙壁打通，即为楼上讲堂。客厅里、厢房里摆上桌凳，就是小课堂，我们上日文课、德文课就在这里。

这些课堂设备虽然简陋，以后我们了解到它的利用率是极高的。白天大学用，晚上夜校用，附近工厂的工友、商店店员和街道妇女常到这里来上课、开会。青年团和济难会的会议，也常在此召开。每个晚上电灯总是雪亮，上课的上课，开会的开会，显得很热闹，常常到十点钟以后才熄灯。

师寿坊门前有一片大荒场，高低不平。同学们有时从校外搞到一只皮球，凑起几个人踢两脚，球破了，只好不踢。我们没有足球队，也不收运动费。

教学内容和教学方法

上大原有三个系，即社会科学系、中国文学系和英文文学系。后来把英文文学系与中国文学系合并为一个系。

社会科学系的课程有：社会科学、社会进化史、马克思主义、哲学、政治经济学等，此外还要选修一门到两门外文。

社会科学这门课的讲义，原来是用安体诚先生编的社会科学讲义。当施存统先生（即施复亮）主讲时，他自编了一套讲义，内容有社会科学史，从第一国际到第三国际等等。

哲学主要是讲辩证法唯物论，由萧朴生先生主讲。

马克思主义是按照《马克思及其生平著作和学说》一书讲解，此书以后作序出版，改名为《马克思传》。

政治经济学的课本是用德国博洽德著的《通俗资本论》译本。

这两门功课都是由李季主讲（李于大革命失败后，参加托陈取消派），这两本书也就是他编译的，由上海书店印刷发行，当时系里的同学差不多人手一册。

社会进化史是用蔡和森著的《社会进化史》为课本，由李俊主讲。

文学系的课程有：中国文学史、文学概论等，其他记不起了。

外文有四种：即俄文、英文、德文、日文。

英文课本是《进化与革命》，又名《达尔文主义与马克思主义》，还有英文文法和修辞学等。

俄文原是由蒋光赤教的，发了几次初级讲义，他走后，请了一位俄国中年妇女来教。

上正课之外，每月总有一两次自由讲座，内容都是报告政治形势和解答一些对时局的疑问。杨贤江、施存统、高语罕等都讲过，讲的时候听众极多，各系的学生都有，校外的人也有，常常满座。杨贤江先生是《学生杂志》编辑，常写社论[1]。他消息灵通，碰到他演讲时，听众尤多。楼上的大教室容纳的人多了，常常听到楼板喳喳作响，大家担心楼面就要塌下来。

除必修课外，选课很自由，你对别的课目如果有兴趣的话，自己去听好了，从来没有人干涉或限制。至于外文，你同时读几门都可以。

上课时，同学们最爱听萧朴生先生主讲的哲学课。

---

[1] 杨贤江先生曾在商务印书馆主编《学生杂志》。——薛尚实注

他上第一课就给我印象很深。上课之前，他已经和同学们有说有笑地谈了一阵子，一打铃，他首先在黑板上写了（1）阶级与非阶级；（2）唯物与唯心；（3）功利与非功利这三个题目。题目提得新鲜，字也写得劲秀。一开讲，每个同学都很认真地做笔记。

他讲完一个题目，即归纳成几个重点再重复讲一遍，并问同学们懂不懂？请同学们提问题。记得有一位女同学先发问，接着又有几个同学提问题，他就从容不迫地一一解答。

像他这样的教学方法，我还是第一次遇到，感到十分新鲜。而他的这种认真负责的精神，又使我深为敬佩。想起在别的大学上课时，教授们点名、讲课，讲完后，皮包一挟就跑的情况，完全不同。

萧先生讲课的内容十分丰富而又通俗生动，解释每个概念，他都用日常生活中的事例来说明，使人易懂易记。

讲完三个题目后，又复述今天讲授内容的基本精神，最后指出还要看哪些参考书，并要我们在下次上课前一天把要讲的问题先提出来。从此，我才知道他讲授内容所以能如此生动、中肯，是由于他能针对着同学们所提问题两相结合起来的缘故。

马克思主义和政治经济学两门课，很多同学喜欢听，但主讲者是刚从德国留学回来的，没有实际工作经验，而和同学们的思想情况联系不好，听起来就不亲切。

担任别的课程的老师，也不是照书本死讲，都还能按照同学们的水平和要求来讲授，否则同学们就不欢迎。

记得李俊讲社会进化史时，第一课听的人很多，第二次上课人就逐渐少了，因为他讲课是按章按节，像给中学生上课那样，讲得干巴巴。同学们向他多次提了意见，但是他"依然故我"。有一天，不知哪位同学写了一张纸条贴在黑板上，"请××先生自动辞职"。那位先生来了，一看纸条就不声不响地走了，从此不来上课。

我们上课的时间少，而在课外看参考书的时间多。当时在上大，自觉认真读书，提出问题，讨论问题，成为一种风气。我在1926年下半年，读了李达著的《新社会学》、蔡和森著的《社会进化史》、漆树芬著的《帝国主义铁蹄下的中国》、熊得山著的《科学社会主义》、安体诚著的《社会科学十讲》。《马克思传》和《通俗资本论》也读了，还有许多小册子。

此外，同学们都非常踊跃地买《向导》《新青年》等期刊来读，买合订本的也不少。

同学们按照各年级自己组织学习会，由自己班级的同学主持。开会时大家随便提问题随便谈，问生字、问名词概念、问老师讲课中的疑问也好，只要提出来，就交大家讨论、研究并作解答。有时谈谈报上看来的政治消息，有时介绍期刊中某篇文章的内容。总之，有啥谈啥，会议开得非常活跃。有时，老师也出席指导，学习会上的重要内容，整理出来，拿到墙报上去发表。

我们的老师，不摆教授的架子，大多数和颜悦色，肯真诚待人，对我们的学习、工作和生活很关怀。下课以后，和大家坐在板凳上，促膝谈心，有时还到我们宿舍里来看看。

老师们的薪金，听说是很少的，每一点钟课，只拿一、两块钱的报酬，有的还是尽义务的。他们的生活也很艰苦，有的和穷学生一样，一年到头只穿几套旧衣服。萧朴生先生得了肺病，进横浜桥北的福民医院，身上只带挂号费和买药费，诊断后决定住院，可是拿不出住院费，只好东借西筹。同学们闻讯后，曾派代表到医院去慰问过他。

同学们的工作和生活

同学们来自全国各地，广东、四川人最多，东北、西北和山东的也不少，有的是来自南洋群岛的华侨，也有几位朝鲜同学。本市的中学教员，失业、失学的青年和工厂的职员也有。有不少穷学生入学后就到报社、书店、青年会、中学、小学、国民党市党部（当时还是国共合作时期）去兼做工作，他们的职业是由上大学生会服务部设法介绍的，也有的是自己找到的。

在我们住的宿舍楼梯下，有一位姓王的同学，课余时间在《申报》做校对工作。他白天上课，晚上去工作，每天收入四角钱，仅足糊口。每晚十一点钟跑去（因为无钱坐电车），天亮前才能回来。他交不起学费，请一位教师作保，有一次病了，向我借钱时，我才知道他的境况。

学生会服务部经常动员经济比较宽裕的同学，捐助一些旧衣服、旧鞋袜去帮助困难的同学，和我同宿舍的刘同学，他所穿的一套旧学生装就是人家捐助的。交不出学费，经老师或同学作保，就可以拖欠，这种情况在旁的大学中是绝无仅有的。

同学们生活艰苦朴素，一个前楼同住七、八个人，有的吃包饭，五、六元一个月。有的凑起三、四人，买打气炉子自己烧来吃，每月四元就可以勉强过去。

课堂里时有穿工装蓝布褂的人来听课，据说是高年级同学到工厂区去参加革命工作，到了上课时间来不及换衣服，就匆匆而来。同学中时髦青年是很少的，有少数人慕上大之名而来，到校后看到我们的生活情况，就中途告退。

上大同学在入学前都是想学点革命知识和救国的道理而来，大多数人都有一定的政治觉悟。除了上课学习革命理论之外，都关心政治形势的发展，而对当时北伐军的进展，几乎每天都有谈论，读报纸、读《向导》、读《新青年》更是普遍现象。

一般同学，特别是高年级的同学，知道吸收知识的方法不仅靠在课堂上和书本上用功，而且还得从革命实践中去加强锻炼，要边干边学，边学边干，才能学到真本领。同学们大多数是努力学习、积极工作的，一天到晚，总是很忙。老同学的房门上，钉了一块硬的图纸板，周围写上地点，按上一个箭头，指出自己所去的地方，这样就让急于要找他的人很快找到，有的还钉上许多小纸头在旁边，给找他的人写留言。

平时大家都不随便串门子，对时间很珍惜，如接头谈问题，也是采取直截了当的办法，不聊闲天。

高年级同学多数在校外担任工作，有的参加上海学联、全国学联，有的参加济难会工作。至于到各工厂区去组织平民夜校、工人夜校进行革命宣传教育的人就更多了。他们工作忙时，就不能经常按课程表上的规定来上课，但当他们回校时，仍坚持补课，认真学习。

办夜校，除了在学校附近和宝山路一带举办外，还有许多同学到浦东、沪东、沪西一带去办。有的利用现成的中小学课堂，有的到工厂附近租房子来办。

张西孟同学当过工人夜校教员，据他说，对工人们上课之先，重要的是消除隔阂，建立良好的关系，可以先提启发的问题，让他们先随便谈谈。例如问：世上什么人最苦？什么人最多？什么人最有本事？为什么还要受剥削、受压迫？应该怎样起来反抗压迫？等等。这样谈了，就能打破彼此之间的隔阂，逐步达到教育的目的。

通过办工人夜校，上大学生和工人之间建立了良好的关系，当上海工人三次武装起义之后，同学们和各个产业工会的联系更加强了。记得那时候市总工会工人纠察队的总指挥部设在宝山路商务印书馆工人俱乐部（即东方图书馆楼下），我们曾进去参观，当谈到我们是上大学生时，工人同志都表示热烈欢迎。

接受革命的锻炼

进上大以后，我们进行过反对帝国主义文化侵略和宗教迷信工作，记得当时我们把这一活动叫作非基督教运动。每个星期天上午做礼拜和晚上基督徒查经活动时，我们的工作组就出动到教堂门口作简短演讲。如果马路上不能演讲时，就参加做礼拜，装做学唱赞美诗并和教友交朋友，一次生，两次、三次后熟了，就和他们讨论问题，宣传反对帝国主义文化侵略的道理。

当北伐军进抵武汉时，上海还在北洋军阀的反动统治之下，他们曾对群众作过造谣诬蔑的反动宣传，什么"共产公妻"之类，各个电影院银幕上也放映反动口号。校里决定要对反动宣传予以反击，我们几个人被派到华德路的万国电影院去进行警告。我们几个人在电影刚完，观众正在动身出场时，一面散发传单，一面将包好的锅底黑灰打到银幕上去。

记得1926年冬天放寒假时，学生会曾统一布置寒假活动要点，规定回乡后要宣传国民革命的胜利形势，组织农村文娱活动，破除封建迷信，联络并组织小学教师，介绍阅读进步书报等等。

上海工人第三次武装起义时，上大组织了学生军，配合工人纠察队作战。

四·一二反革命事变的当天下午，中共上大支委立即召开紧急会议，动员全校学生奔赴工人纠察队总指挥部，参加群众大会，提出严重抗议。上大同学和工人纠察队员的鲜血一起流在宝山路上，因此国民党反动派恨之入骨。

过去，我们自己没有固定校舍，直到1927年春天才建成了自己的校舍。

新校舍建筑在江湾镇西面的农村中，这年开学时，通到校里的大路尚未筑好，正值春雨连绵，路上泥泞。但同学们一听到开学消息，就冒雨进校。因为校舍有限，进去四、五百人就挤满了。晚到的外地同学，只能分散住到水电路或江湾镇的民房里。

四一二反革命事变之后，帝国主义和国民党反动派都说："上大是赤色大本营，是煽动工潮、破坏社会秩序的指挥机关。"蒋介石特指令当时的淞沪警备司令杨虎和陈群进行"查办"。

记得在1927年的4月份，有一天下午一时，我们正在三楼开学习讨论会，突然望见从江湾镇开来一支穿灰布军装的队伍，以急行军的姿态向上大奔来。学校领导人立即发出紧急通知，全校师生赶快离校，我们一队首先向后门麦田里奔跑，分散到乡间去躲避。我们想知道个究竟，不久再绕道到江湾镇上去侦察，看到蒋匪军仍源源不绝向上大的路上前进。他们全副武装，分做三个梯队前进，想突然包围，冲进学校来收拾我们，可是我们已经大部分撤走了。只有极少数同学午睡未醒，和几位工友被他们抓到了，关在一个小房间里，不许走动。同时下令搜查，把校部办公室、庶务科、学生宿舍翻得极乱。士兵们查不出什么危险品，顺手将同学的钟、表、衣物、被服、书籍、热水瓶等等，一包包用步枪权充扁担，扛到江湾镇上的当铺里去典当换钱。

上大被封后，我们都失学了。过了个把月，我们再到江湾去打听，上海大学被改为"国立劳动大学"，在江湾车站上钉上一块很大的黑招牌。

我在上大接受革命教育的时间虽然短暂，但在这里却是我一生接受革命锻炼的起点。

（原载中国人民政治协商会议上海市委员会文史资料工作委员会编《文史资料选辑》1978年第2辑，上海人民出版社1979年2月第1版）

研究回顾

谁是研究上海大学校史
（1922—1927年）的第一人？

马　军

　　肇始于 1956 年的上海社会科学院历史研究所，其"文革"前的许多学术档案今天依然保存在上海市档案馆，它们对于重构该所的发展历程具有十分重要的意义。

　　馆藏档案 B181—1—311（"上海社会科学院历史所 1962 年度研究项目计划表"）第 18 页显示，1962 年历史研究所有一个名曰"上海大学与上海工人运动"的项目，负责人是"薛尚实"，研究目的是"阐明上海大学与工人运动的关系，以供研究上海工人运动史和中国革命史参考"，其年度工作进度为"第二季度，熟悉资料，阅读有关书报，拟出专题内容要点；第三季度，着手专题著作，争取完成初稿，并经进一步修订补充后打印成稿"。

同档第 19 页又表明，还有另一个称为"上海大学资料汇编（草稿）"的辅助项目，负责人还是薛尚实，但有一位叫吕继贵的参加人。该项目旨在"收集和整理上海大学在培养革命干部传播马列主义，领导工人运动方面的活动情况，供编采上海工人运动史及进行'上海大学与上海工人运动'专题研究参考"，基本步骤为"在原有已收集资料并初步安排材料的基础上修订提纲，广泛和深入地进行调查访问，增补资料"，预期最终结果是"编辑成书，打印成册"，而具体进度为"第一季度增订资料、编排提纲，进行调查访问，进一步收集文史资料；第二季度继续补充资料，并编辑工作；第三季度最后审定，完成草稿"。

馆藏档案 B181—1—336（"上海社会科学院历史所科研规划"）第 23 页和第 34 页亦印证了历史所在 1962 年存在着研究上海大学历史的项目，负责人是薛尚实，另有吕继贵的参与。

薛尚实何许人也？1961 年调进历史所工作的郑庆声先生曾做过如下的回忆：

1961 年，沈以行被中共上海市委宣传部任命为上海社会科学院历史研究所副所长。原来在上海工人运动史料委员会时，在他手下工作的姜沛南、徐同甫、倪慧英和我四人，经沈以行报请市委宣传部批准后，亦同时调入历史研究所。当时历史所有吕继贵、张铨等人在编写《国棉二厂厂史》（烈士顾正红是该厂工人），还有一位老同志叫薛尚实也随吕、张两位去国棉二厂参加厂史编写工作。我们新来的四个人，加上吕、张、薛一起成立了工运史组（当时都称组，称室是以后的事）。记得沈以行特地关照，薛尚实是挂在工运史研究组的，不分配他具体工作，他可以写些回忆录，也可以做些别的事，都由他自己安排。我听说他是老资格的工运干部，1935年时任中华全国总工会华北办事处主任，受北方局书记刘少奇领导。因为他是广东梅县客家人，刘少奇后来就派他到广东去开辟工作。他到广东后首先发展的地下党员叫饶彰风，是个大学生，广东解放后担任过广东省外语学院院长和党委书记。广东的地下党都是薛尚实一手重建和发展起来的，他是很有功劳的。据说后来担任越南党和国家领导人的胡志明当时也在他的领导下担任地委一级的干部，当时胡的名字是阮爱国。

上海解放后，薛尚实担任同济大学校长和党委书记，听说因和中央建筑工业部部长，以及与上海市委书记柯庆施关系不好，被打成右派，并撤职，从行政8级降为12级，调到历史研究所来上班，前后待了五六年。

薛尚实（1903—1977年）

他该上班时上班，该开会时开会，大家知道他是老干部，对他还是尊重的。薛尚实到底以前是搞群众工作的，很会与人打交道，有人曾告诉我："老薛在国棉二厂搞调查时，很快就和门卫混熟了，进进出出比谁都自如。"[1]

郑先生的上述回忆大致不错，这位出生于1903年的中共革命家，斗争经历极为丰富，无论是土地革命战争时期，还是抗日战争、解放战争时期，他走南闯北，历尽艰险，或在沪、苏、浙、闽、鲁、冀等地担任地下党要职，或直接在新四军、解放军从事政治、教育工作。新中国成立初期，他曾担任中共青岛市委书记。1952年改任中共同济大学党委书记兼校长，1957年4月起兼任中国教育工会上海市委员会主席。此外，他还是上海市委委员、中华全国总工会第八届执委会会员。

他自1958年被打成右派，1959年4月被开除党

[1] 郑庆声：《我所知道的薛尚实同志》，载马军编《史园三忆》上卷·远去的群星，上海社会科学院出版社2021年9月版，第279、280页。

籍[1]，"发配"到上海社会科学院历史研究所以后，并未在屈辱与逆境中消沉下去，在撰写多篇个人回忆文章的同时，还积极投入到该所现代史、工运史的研究事业中。1962年他对上海大学历史的研究，正是基于自己20年代曾在这所国共合作的高校里求学的特殊经历。

今天，笔者所在的历史所现代史研究室正是薛尚实当年隶属的现代史组（工运史）之后续，所以尽管60年过去了，他的许多遗稿（经薛尚实之子钱晓平2021年11月15日的辨认，均系他人钢笔誊抄）竟得以保留至今，且编有序号。其中，关于上海大学的主要有两种：

其一是《回忆上海大学（草稿）》（300字文稿一页，共24页，上有薛尚实署名），属于个人回忆录性质，曾经正式刊发[2]。

其二是《上海大学简史（初稿）》（300字文稿一页，共157页，未署名），属学术研究性质，未见刊发。内分19节，即：1. 上海大学前身——东南高等专科师范学校；2. 邓中夏整顿上海大学经过；3. 积极支持上海学联所办的夏令讲学会；4. 反对国民党右派的斗争；5. 参加

---

[1] 参见上海市档案馆馆藏号C1—1—259，"上海市总工会关于干部任免的批复和工资待遇问题的来往文书"，第33页。

[2] 最早发表在政协上海市委员会编《文史资料选辑》1978年第2辑（总第22辑），上海人民出版社1979年2月版。

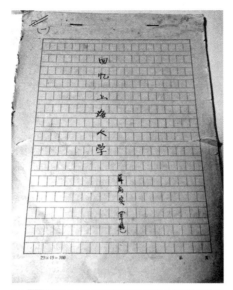

薛尚实撰《回忆上海
大学》誊抄稿

《上海大学简史（初稿）》
誊抄稿

216

2021 年 11 月 15 日笔者与薛尚实之子钱晓平（图右）合影

非基督教运动；6. 组织校内群众团体；7. 建立各种学术组织；8. 到工人群众中去；9. 天后宫惨案——黄仁之死；10. 反对帝国主义及其走狗的威胁陷害；11. 上大学生在五卅运动中伤亡及被捕者一览；12. 支援日华纱厂罢工；13. 在五卅运动的前线上；14. 上海大学"五卅"运动特刊；15. 帝国主义武装占据上海大学；16. 上大学生参加上海工人三次武装起义；17. 迁入江湾新校舍；18. 反对"四一二"大屠杀；19. 上海大学横遭封闭。

以上应当就是 1962 年的研究成果。

为了写成《上海大学简史（初稿）》这份 4 万多字的文稿，薛尚实在吕继贵的协助下，做了许多资料收集工作（包括摘抄报纸、录入文献、口述采访等），而这些文字当时都抄录在带有"上海社会科学院历史研究所稿纸"或"上海历史研究所稿纸"抬头的 300 格绿色稿纸上，它们竟也异地保存在上海市档案馆内。经笔者前往排摸、搜寻，有如下的发现：

档号	档案标题	内文标题	出处、形成时间	备注
D10—1—1	上海大学毕业的盛典	上大毕业之盛典	《民国日报》1923 年 7 月 3 日	3 页，横写
D10—1—2	上海大学前日的盛会	上大前日之盛会	《民国日报》1923 年 7 月 10 日	2 页，横写
D10—1—3	上海大学毕业式志盛	上大毕业式志盛	《民国日报》1923 年 7 月 13 日	3 页，横写
D10—1—4	上海大学录取新生案	上大录取新生案	《民国日报》1923 年 8 月 8 日	1 页，横写
D10—1—5	上海大学赴杭州招生	上大赴杭州招生	《民国日报》1923 年 8 月 14 日、10 月 26 日	1 页，横写
D10—1—6	上海大学招生处布告	上大招生处布告	《民国日报》1924 年 1 月 22 日	1 页，竖写

档号	档案标题	内文标题	出处、形成时间	备注
D10—1—7	上海大学招生处布告	上大招生处布告	《民国日报》1924 年 2 月 24 日	1 页，竖写
D10—1—8	上海大学大事记	本校大事记	《上大周刊》1924 年 5 月 4 日	4 页，竖写
D10—1—9	上海大学录取新生布告	上大录取新生	《民国日报》1924 年 1 月 14 日	1 页，横写
D10—1—10	上海大学消息	上大消息	《民国日报》1924 年 5 月 8 日	1 页，横写
D10—1—11	上海大学美术科毕业举行成绩展览二日	上大美术科毕业，举行成绩展览二日	《民国日报》1924 年 6 月 20 日	1 页，横写
D10—1—12	上海大学招收插班生	上海大学招考插班生	《民国日报》1925 年 1 月 3 日	1 页，横写
D10—1—13	上海大学同善社发达的原因	同善社发达的原因	《民国日报》1925 年 2 月 2 日	2 页，横写，署名：刘剑华
D10—1—14	上海大学录取第一届新生揭晓	上大录取第一届新生揭晓	《民国日报》1925 年 1 月 12 日	1 页，横写

档号	档案标题	内文标题	出处、形成时间	备注
D10—1—15	上海大学录取新生消息	上大录取新生消息	《民国日报》1925年2月11日	1页，横写
D10—1—16	上海大学组织工会及罢工的自由	组织工会及罢工的自由	《上大五卅特刊》第2期，1925年6月23日	2页，横写，署名：光亮
D10—1—17	上海大学短兵	短兵	《上大五卅特刊》第2期，1925年6月23日	1页，横写
D10—1—18	上海大学近讯	上大近讯	《民国日报》1925年6月27日	1页，竖写
D10—1—19	上海大学学生会闭会	上大学生会闭会	《民国日报》1925年7月8日	1页，竖写
D10—1—20	上海大学录取新生布告	上海大学录取新生布告	《民国日报》1925年7月19日	2页，横写
D10—1—21	上海大学通告	上大通告	《民国日报》1925年8月29日	1页，横写
D10—1—22	上海大学录取新生布告	大学录取新生布告	《民国日报》1925年9月5日	2页，横写

档号	档案标题	内文标题	出处、形成时间	备注
D10—1—23	上海大学录取新生布告	上大录取新生布告	《民国日报》1925年9月21日	1页，竖写
D10—1—24	上海大学三周年纪念特刊	上海大学三周纪念特刊	学生会宣传部编辑，1925年10月23日	10页，竖印
D10—1—25	上海大学好一个"清高"的学府	好一个"清高"的学府	《民国日报》1925年3月4日	2页，竖写，署名：存统
D10—1—26	上海大学中山主义周刊（第1期）	中山主义周刊第1期	1925年12月20日	32页，横写
D10—1—27	上海大学校讯	上大校讯	《民国日报》1926年9月3日	1页，横写
D10—1—28	上海大学校舍落成和延期	上大校舍落成和延期	《民国日报》1926年12月30日	1页，竖写
D10—1—29	上海大学《警务日报》上刊登有关施存统的消息	施存统	《警务日报》（1926年）	1页，竖写
D10—1—30	上海区委为贺威圣、汪天两同志志哀	为贺威圣、汪天两同志志哀！！！	11月14日	3页，横写，署名：朱绅

档号	档案标题	内文标题	出处、形成时间	备注
D10—1—31	上海大学毕业生名册	上海大学毕业生名册		51页，竖写
D10—1—32	上海大学教师及其讲授学科	上大教师及其讲授学科		5页，竖写
D10—1—33	上海大学特别讲座的讲师	特别讲座的讲师		3页，竖写
D10—1—34	上海大学校务部、附中工作人员名单	校务部工作人员		1页，竖写
D10—1—35	上海大学最高领导机构评议委员会与行政委员会成员名单	上大最高领导机构评议委员会与行政委员会		1页，竖写
D10—1—36	上海大学学生分布在各社会团体中活动的名单	上大学生分布在各社会团体中活动的有		1页，竖写
D10—1—37	上海大学简史	上大简史		2页，竖写，署名：陈茵

档号	档案标题	内文标题	出处、形成时间	备注
D10—1—38	上海大学章程	上海大学章程		18页，印刷件，"上海大学章程"6字系于右任题写
D10—1—39	上海大学学生泣告	上海大学学生泣告		1页，竖写
D10—1—40	上海大学一览弁言	上海大学一览弁言		4页，竖写，署名：于右任
D10—1—41	上海大学中国文学系、英国文学系、社会学系、美术系学生名单	中国文学系、英国文学系、社会学系、美术系		14页，横写
D10—1—42	上海大学各系毕业生名单	上大各系毕业生名单		27页，横写
D10—1—43	上海大学留沪同学会成立大会特刊	上海大学留沪同学会成立大会特刊	1936年9月27日	7页，竖写

档号	档案标题	内文标题	出处、形成时间	备注
D10—1—44	上海大学同学总会章程	上海大学同学会总会章程	1936 年 11 月 10 日	4 页，横写
D10—1—45	俞昌准——上海大学同学	俞昌准烈士——上大同学	《安徽日报》1958 年 7 月 3 日	2 页，竖写，摘自俞昌时：《纪念俞昌准烈士》
D10—1—46	上海大学访邵力子谈话纪要	访邵力子谈话纪要	1954 年 6 月 26 日上午采访	4 页，竖写，采访地点：北京东四五胡同 20 号，采访者：刘明义、陈长洲
D10—1—47	上海大学访王一知谈话记录	访王一知记录	1956 年 6 月 16 日采访	4 页，竖写，采访地点：北京和平门外前孙公园 15 号，采访者：刘明义

档号	档案标题	内文标题	出处、形成时间	备注
D10—1—48	沈志远回忆上海大学	访问沈志远记录	1957 年 8 月 1 日回忆	2 页，横写，1961 年 11 月 9 日抄于革命历史纪念馆
D10—1—49	访张琴秋——关于上海大学的情况	访张琴秋——关于上大的情况	1959 年 7 月 16 日采访	3 页，横写，采访者：刘明义
D10—1—50	程永言回忆上海大学	回忆上海大学	1959 年 10 月 1 日；1962 年 2 月 20 日	32 页，竖写，既有文章也有采录
D10—1—51	宋桂煌回忆上海大学	回忆上海大学		6 页，横写，1961 年 11 月 9 日抄于纪念馆
D10—1—52	上海大学访龚兆奎老工友	访龚兆奎老工友	1962 年 1 月 19 日采访	3 页，竖写
D10—1—53	访姚天羽回忆上海大学	访姚天羽	1962 年 1 月 22 日	5 页，竖写
D10—1—54	杨龙英谈上海大学	访杨龙英	1962 年 1 月 31 日采访	4 页，竖写

档号	档案标题	内文标题	出处、形成时间	备注
D10—1—55	赵希仁谈上海大学	访赵希仁	1962 年 2 月 11 日采访	3 页，竖写
D10—1—56	曹雪松谈上海大学	访曹雪松	1962 年 2 月 13 日采访	8 页，竖写，采访地点：虹口中学
D10—1—57	宋桂煌谈上海大学	访宋桂煌	1962 年 3 月 20 日采访	4 页，竖写，采访地点：上海文艺出版社
D10—1—58	上海大学访戴介民谈话纪要	戴介民谈话记要	1962 年 4 月 3 日采访	10 页，横写，采访地点：上海愚园路 1088 弄 105 号，记录者：吕继贵
D10—1—59	上海大学第三次访问葛克信记录	第三次访问葛克信记录	1962 年 10 月 25 日采访	3 页，竖写
D10—1—60	孙仲宇的回忆——关于上海大学的一些资料	关于上海大学的一些资料	1962 年 11 月 8 日	12 页，横写，文前有孙仲宇致上海

档号	档案标题	内文标题	出处、形成时间	备注
				社会科学院历史研究所的信
D10—1—61	上海大学访问阳翰笙同志记录	访问阳翰笙记录	1963 年 1 月 9 日采访	10 页，横写，整理者：吕继贵
D10—1—62	培养革命干部的洪炉——上海大学	摘自"培养革命干部的洪炉——上海大学"	1962 年 2 月 24 日、3 月 8 日	15 页，横写，署名：姚天羽，文末称："以上是接受了上海社会科学院历史研究所薛尚实同志的要求而写的。"
D10—1—63	刘锡吾回忆——上海大学的性质和作用	上海大学的性质与作用	7 月 9 日采访	6 页，竖写，记录者：刘明义
D10—1—64	薛尚实回忆上海大学	回忆上大——青云路时期的上大		26 页，竖写

档号	档案标题	内文标题	出处、形成时间	备注
D10—1—65	回忆上海大学的文件	回忆上海大学		1页，横写
D10—1—66	姚天羽回忆上海大学	回忆上海大学		2页，横写
D10—1—67	姚天羽回忆上海大学			2页，横写
D10—1—68	座谈会记录——摘江元青发言	座谈会记录——摘江元青发言		3页，横写
D10—1—69	摘老工人姜维新谈话记录	老工人姜维新谈话记录	1957年8月26日	9页，横写
D10—1—70	姚天羽回忆上海大学有关人员照片			一张照片

或许，以上还并非薛、吕做的全部资料工作，还有其他的文字恐怕尚未发现，但至少证明了他们为上海大学校史的研究付诸了很大心力。在这之后，两人的《上海大学简史（初稿）》之所以没有正式发表，很可能是因为当时政治运动频繁，"四清"、"文革"接踵而至，最终只能中道而止。这种课题夭折的情况，在"文革"前的上海社会科学院历史研究所是很常见的。

根据薛尚实之子钱晓平先生 2021 年 11 月 15 日向笔者的面告，薛氏在"文革"期间退休，其时上海社科院和历史所均已撤销，改为上海市直属机关"五七"干校（建于奉贤县东门港）。1977 年某日，他突发疾病，送院时已告不治。此时，他尚未获得平反，令人唏嘘！

吕继贵（1935— ）

至于吕继贵，他是山东阳谷人，1935 年出生。1959 年从上海社会科学院政治法律系毕业后留院在历史研究所工作，1979 年调往法学研究所，现已退休，依然健在。2022 年 4 月 17 日笔者曾电话询问吕先生，他确认当年自己和薛尚实两人共同收集了史料，然后由薛一人执笔写成了全稿。

综上所述，对上海大学——大革命时期这座沪上著名高校——的研究，首开先河者应是上海社会科学院历史研究所现代史组的薛尚实和吕继贵两位前辈。值此该校成立百年之际，是应该将他们 1962 年的旧稿《上海大学简史（初稿）》及相关史料整理出来并公之于众了。

撰于 2022 年 1 月，修订于同年 4 月

史料整理

老工人谈话记录中的上海大学

陆轶隽 整理

整理者按：1957—1958 年，为纪念上海工人三次武装起义三十周年，上海工人运动史料委员会向部分当时参与起义的老产业工人进行口述资料的征集，访谈的书面稿即为"老工人谈话记录"，目前收藏于上海社会科学院历史研究所现代史研究室内。"老工人谈话记录"主要记载了这些老工人如何参与五卅运动、上海工人三次武装起义的历史钩沉，其中记录了大量有关上海大学的办学情况、师生表现以及如何参与革命活动的史实。本篇将挑选部分老工人针对上海大学的回忆材料，以及老工人许德良有关上海大学的完整谈话记录，以飨学界。

1. 上海大学的校址

刘保民：我住在闸北青云路，青云路有个上海大学，上海大学宿舍就在我隔壁，我早就同上海大学学生联系在一起，宝兴路有一个启英女学，这个学校是教会学校，校长就叫石启英，这个学校就是他开的。这学校到礼拜日是拿来做礼拜堂的。

以上来源：23. 邮局老工人刘保民写稿

时间：1957 年

整理时间：2021 年 8 月 4 日

邬家良：上海大学和沈雁冰是有关系的，沈雁冰的弟弟沈泽民是上海大学的教授。先是学校在西摩路，后来搬到青云路。陈醒华是 C.Y.，钱是从郑覆他 [1] 那里来的。

以上来源：29. 商务印书馆老工人座谈会记录（第一本）

采访时间：1957 年 4 月 21 日

---

[1] 浙江诸暨人。曾供职商务印书馆，发动上海印刷工人罢工，参与上海工人第三次武装起义，起义胜利后任上海市政总工会委员长，1928 年为国民党当局杀害。

采访地点：复兴中路 515 号

座谈参加者：陆定华、孙诗圃、任其祥、谢庆斋、徐新之、薛兆圣、邬家良、林友仁、沈以行、郑庆声、倪慧英（记录）

整理时间：2021 年 8 月 10 日

2. 上海大学的管理层与师资

徐同甫：上海大学的情况知道吗？

朱英如：瞿秋白在那里教过书，杨之华在读书，恽代英也担任过教师。地点在青云里师寿坊，是一个弄堂房子，实际上并不是真正的学校，而是一个活动中心。买《向导》也到那里去买的。

以上来源：9. 孙诗圃、朱英如、郑明德、梁闺放谈话记录

采访时间：1957 年 3 月 14 日

采访者：徐同甫、倪慧英（记录）

整理时间：2021 年 7 月 21 日

沈以行：劳动组合书记部里没有几个人，是不是李启汉？

江元青：是的，李启汉是夏明的哥哥，因为他们都是搞革命工作的，所以邓中夏就娶了李启汉的妹妹做老婆。在妇女方面也有工作的，如搞些缝纫工作等，以上是1923年活动的情况。1924年时，我已经参加党了。在国共合作以后，搞了一个上海大学，校长是于右任，实际负责搞的是瞿秋白、施存统等，都是我们共产党方面的。刘华那时在学校里半工半读，一方面写油印，一方面读书。

以上来源：44. 江元青　谈话记录

采访时间：1957年7月18日

采访者：史料委员会全体成员

窦一飞：自从我认识中夏同志后，知道他就是上海大学的教务长，他又非常热诚地接见我，我那时真高兴。他经常同我谈话，我知道了他是知识分子出身，参加过五四运动，当过学生救国会主席，是1920年参加党的，同李大钊同志宣传马克思主义。

以上来源：57. 窦一飞　谈话记录

采访时间：1957年7月23日

地点：东湖路70号304室

采访者：夏明、曹子戈、王天筠（记录）

夏　明：你知道谁熟悉邓中夏的情况？上海大学的情况你知道吗？

徐大妹：现在北京的陈均，也就是陈之一[1]，他知道中夏同志的情况，他在1924年到莫斯科去的，二五年回到上海搞工作。

曹子戈：现在北京什么地方？

徐大妹：听说是去国务院。

夏　明：还有些谁？

徐大妹：晓是晓得几个人，不知道到什么地方去了。上海大学的一些人有些是后来反动了。我去重庆时，据陈之一讲四人人李元吉好像是上大学生，还有一个是……问陈之一他会告诉你们，过去有些人我知道，但名字一时想不起。还有一个，也是陈之一说的，叫卜道明，[2]当时是上大的俄文教师。

---

[1] 陈之一（1903—1980），江苏金坛人。1924年赴苏联东方大学学习，并加入中国社会主义青年团。次年回国后转为中共党员。民主革命时期曾任浙江省委代理书记，新中国成立后，任政（国）务院参事。1980年8月在北京逝世。

[2] 卜道明（1902—1964），即卜士奇，湖南益阳人，1920年入上海外国语学社习俄文。1922年冬任上海大学俄文讲师。此后进入国民党外交系统工作，1949年后去台湾，1964年于台北病逝。

曹子戈：现在什么地方？

徐大妹：不知道。这人老早就跑到国民党那边去，听说做过亚洲司长。据陈之一讲当时我们到苏联去的人是通过他的关系的。

以上来源：59. 老工人　徐大妹　谈话记录（主要是有关邓中夏烈士之资料）

采访时间：1957 年 8 月 1 日

采访地点：东湖路 70 号 304 室

采访者：夏明、曹子戈、王天筠（记录）

整理时间：2021 年 8 月 31 日

3. 上海大学的学生简况

姜沛南：商界联合会里有店员吗？

郭旦夫：没有店员，都是小商小店的店主，是和总商会对立的。因为总商会对他们没有很好的安排，他们有什么要求，都不理不睬，因此自己组织了起来。这段经过我还知道一些，像在五卅时，在组织工商学联合会前的一次会议我也参加，中央也在一起开会。那时运动已经搞起来了，但一定要有统一的机关，行动要一致。我们工人罢工，商界罢市，学生罢课，我们还要向外界去捐款来救济工人，这些工作总要有一个统一的机关来领导。我就提出了要组织一个工商学联合会，后来就这样决定了。记得陈独秀也在上海，我们在南市开会的。经常在工商学联合会办事的是林钧，他是学生代表，他本身是上海大学的学生，共产党员。

以上来源：37. 郭旦夫　谈话记录（第二本）

采访日期：1957 年 2 月 7 日

采访者：姜沛南、倪慧英（记录）

整理时间：2021 年 8 月 23 日

夏　明：当时上大学生，你认识些吗?

徐镜平：那认识些，有的在北京。

夏　明：在上海的有吗?

徐镜平：在上海的有……童国希，这人四川人，从前是我们的同志。

夏　明：还有呢?

徐镜平：童的爱人周伯棣 [1]，是财经学院的教授，童

---

[1] 周伯棣（1900—1982），浙江余姚人，毕业于浙江省立第一师范学校，五四运动中，发表"非孔"言论、文章，与施存统并著声杭州。受十月革命影响，北上苏联寻求革命真理，后至国境被阻回北京，参加陈独秀、李大钊所创"工读互助团"。未几，"工读互助团"停办，回上海任（转下页）

本人后来脱了关系，现在中学教书。

曹子戈：童在上大时间长吗？

徐镜平：有一段时间，他同钟馥广在一起，我记得陈望道当时是中文系系主任。

曹子戈：是教务长。

徐镜平：那么是教务长、中文系系主任吧。

上大学生还有，是赵世炎的妹妹赵郁仙，[1] 以前叫赵君陶，现在北京。还有天津南开大学副校长，也是上大学生。我想君陶能够供给很多有关上大的材料，因为她在上大的时间是比较久的。中夏同志二三年二四年的情况，她应该知道。

夏　明：听陈校长说，你在上大念过书。

徐镜平：我没在上大念过书。

夏　明：还知道有谁熟悉上大情况吗？

（接上页）职中华书局。抗战时期曾任四川省政府顾问，抗战胜利后回到上海，任复旦大学经济系教授。新中国成立后，曾任复旦大学银行系主任，上海财经学院教授兼财政金融系主任，上海社会科学院经济研究所研究员等职。1982 年在上海病逝。

[1] 赵君陶（1902—1985），原名赵世萱、郁仙，四川酉阳（今属重庆）人，1919 年五四运动后举家搬往北京。在五哥赵世炎（中国共产党早期的领导人之一）的引导下，追随时代前进的潮流，投身到反帝反封建的革命运动。先后担任化学工业部教育司副司长，北京化工学院党委成员、副院长等职。全国第四届、第五届政协委员。1985 年在北京逝世。

徐镜平：有是有些，名字叫不出来了。唉！现在复旦教俄文的樊英，他当时也在上大附中教书，不知道他知道不？当时我们的党关系是不在校内的，他的党关系是不是在校内？但他可能熟悉，他是在二七、二八年到苏联去的；还有是张中时，我去问这人在哪里；还有的是现在浙江省主席沙文汉的爱人陈修良^[1]，她是省委宣传部的副部长吧；还有一个现在在文史馆，这人是浙江人，已脱离党了，名字一时记不起，过去在党内的地位并不低，总是在省一级机关工作，在广东也工作过，我到广州去时见过他。

以上选自：57. 徐镜平　谈话记录（主要是有关邓中夏烈士之资料）

采访时间：1957 年 7 月 29 日

采访地点：东湖路 70 号 304 室

采访者：夏明、曹子戈、王天筠

整理时间：2021 年 8 月 30 日

---

[1] 陈修良（1907—1988），女，浙江宁波人，1926 年加入中国共产主义青年团，1927 年转入中国共产党，苏联莫斯科中国劳动者共产主义大学毕业。担任过《少年先锋》编辑、向警予的秘书，并在向警予介绍下入党。20 世纪 40 年代中期，陈修良被党中央派往南京，担任中共南京市委书记，开展秘密工作。丈夫为中共早期工人运动领导人沙文汉（1908—1964）。

4. 上海大学与早期中共党组织

刘保民：我是在 1925 年在上海大学 13 支部 [1] 加入党，支部命令叫我去做礼拜，到这学校内去组织一个机关，在学校内开一个义务夜校，离这学校有一个火柴厂，厂内有二三百工人。

以上来源：23. 邮局老工人刘保民写稿

时间：1957 年

整理时间：2021 年 8 月 4 日

毛静仙：商务和上海大学非常接近，因为上海大学就在青云路上，很近。开会经常是到上大去开的。我们发生什么事情，他们也总派人来的。商务党的会议、讲课（瞿秋白、罗亦农都讲过）等都在上大举行的。

张树屏：所有闸北区委都在上大活动过，活动分子

---

[1] 1925 年初，中共上海地执委根据四大党章规定，对下属组织在中共小组基础上组建中共支部，至五卅前夕，已有 15 个中共支部。上海大学为其中之一，但并非第 13 支部。五卅后，刘保民加入中共，但此时上海大学支部已属闸北部委（共辖 9 个支部），亦非第 13 支部。

参见中共中央组织部、中共中央党史研究室、中央档案馆编：《中国共产党组织史资料》第一卷"党的创建和大革命时期（1921.7—1927.7）"，中共党史出版社 2000 年版，第 279、282 页。

会议等都在那里开的。梁闺放也经常来参加。

毛静仙：一月廿一日列宁逝世纪念时，也在那里开纪念会，人很多。

以上来源：30. 商务印书馆老工人座谈会记录（第二本）

采访时间：1957 年 5 月 11 日

采访地点：复兴中路 515 号

座谈参加者：谢庆斋、陆定华、毛静仙（元芳）、张树屏、郑庆声、倪慧英（记录）

整理时间：2021 年 8 月 13 日

姜维新：我记得我参加宣誓时，很多上大学生在场，中夏介绍我入党时的讲话时很严肃的。他头上有一粒黑痣，笑起来，配上这粒痣看起来很好。

以上选自：46. 老工人姜维新谈话记录（主要是有关邓中夏烈士之资料）

采访时间：1957 年 8 月 26 日

采访地点：东湖路 70 号 304 室

采访者：夏明、曹子戈、王天筠

整理时间：2021 年 8 月 30 日

孙诗圃：最初党的活动恐怕是先和学校发生关系，如上海大学就是党生根的地方。

郭旦夫：上海大学还是后来的，开始在西摩路小菜场那里，党的发展上大是起的作用很大。

孙诗圃：上大搬到师寿坊是在什么时候？

郭旦夫：五卅以前[1]。

孙诗圃：上大在 1929 年时，于右任又补发了一批毕业证书。

郭旦夫：有很多人拿到，如杨有根他没有到上大读过书，在宁波被捕出来后，找到了林钧。林钧那时搞了一个景平学校，把杨安插在学校里当职员。在后来组织上海大学同学会时，他通过林钧的关系弄到了一张上海大学的文凭。在 1938 年时我遇见他，他问我上大文凭弄到没有，我说没有，也感到这文凭也没有什么真的用处，所以也不想要。

以上来源：68. 郭旦夫、孙诗圃、洪杨生谈话记录

采访日期：1957 年 9 月 22 日

采访地点：新永安街 63 弄 3 号

---

[1] 上大搬到师寿坊临时校舍的准确时间为 1925 年 9 月 10 日，参见王家贵、蔡锡瑶编：《上海大学（一九二二～一九二七）》，上海社会科学院出版社 1986 年版，第 132 页。

采访者：徐同甫、倪慧英（记录）

整理时间：2021 年 9 月 28 日

5. 上海大学学生积极参与社会活动

① 支持丝厂罢工

郑庆声：当时开劳大时有多少人？

朱英如：有几百，还有像陈廷贵（谐音）、陆小妹（现在养老了，住在眉州路四十号）。陆小妹在上海一厂做八年一月，她斗得很厉害的，永安纱厂买通后，把她多判七年多徒刑。我在劳大回来后，就被调到闸北做丝厂。闸北丝厂的情况是没组织，工人工资小，厂方虐待工人厉害。在那边有穆志英（谐音）、朱大英子（谐音）虹口一带大流氓霸住。当时第一步就是先罢下工来，是有总工会直接领导的，力量以上海大学为重点，杨之华带上大学生和商务来支持丝厂罢工。

以上来源：3. 朱英如　谈话记录

采访时间：1957 年 2 月 22 日

采访地点：国棉十七厂宿舍

采访者：郑庆声、赵自、哈宽贵、唐铁海、王天筠（记录）

整理时间：2022 年 1 月 18 日

② 支持商务印书馆第一次罢工

任其祥：商务第一次罢工是在五卅以后开始的，还有中华书局和上海大学来鼓动，我们罢工罢下来了。罢工以后，大家很高兴，这次行动没有向资方提出什么条件，主要就是援助五卅而罢工的。大概只有几天功夫，后来因为我生病了，所以什么时候复工的不知道。以后就组织了工会，各部推选委员，我也是委员之一，这次罢工很简单，时间也短。

以上来源：29. 商务印书馆老工人座谈会记录（第一本）

采访时间：1957 年 4 月 21 日

采访地点：复兴中路 515 号

座谈参加者：陆定华、孙诗圃、任其祥、谢庆斋、徐新之、薛兆圣、邬家良、林友仁、沈以行、郑庆声、倪慧英（记录）

整理时间：2021 年 8 月 10 日

唐文光：在谈判时，他们要工人到总务处去谈判，我们组织了一百多个纠察，手牵了手在厂门口站着。反动派派了一个郝营长带了二十几个军人要冲进厂去，我们一部分纠察拦住他们，不许进厂。另一部分纠察就在俱乐部那里保护上海大学来演讲宣传的学生，后来军队开枪打工人了，不过因为我们纠察人多，所以结果还是他们吃亏了，他们的枪给工人拆坏了。这些军队非常气愤，一定要把我们的工人代表抓回去。陈云也是代表，他很镇静，对资方说：今天是你们要工人来谈判的，现在代表被抓去，这个责任是要你们负的。资方也很紧张，去和郝营长商量，是否可以不把工人代表带走。但是姓郝的不肯，一定要把人带回去，否则他们算是失面子的事。结果是资方拿出了一笔钱送给他们。他们一拿到钱，也不讲什么面子不面子，就走了。

以上来源：91. 唐文光　谈话记录

采访时间：1958 年 5 月 25 日

采访地点：福州路上海旧书店

采访者：郑庆声、倪慧英（记录）

整理时间：2021 年 11 月 3 日

③ 向工人补习文化知识

夏　明：你跟中夏很熟吗？

姜维新：我被吊到南京，同他关在一起的。顾顺章不放松我，把我告出去的。我本来被判无期徒刑的。我的一些经历还可以记得起，二四年中夏在上海。

夏　明：他在上大情况清楚吗？

姜维新：（按：对以上问题没做回答）。他经常下来，同我说起过这样的话："团结起来，才有办法。"我同他二四年相识时，还在学校，那学校本来叫半月学校，后来改俱乐部的。当时沪西区洋蜡烛厂有一个俱乐部，项英一些人都在内。

夏　明：就是工友俱乐部？

姜维新：（按：对以上问题没做回答）。一进去是读两个钟点书，分两班制，早上是七点到九点，晚上也是七点到九点，早晚去上课的各有几十人。中夏是只找人到楼上去谈谈，做教育工作，不教书。教书的有在中华印刷所工作的刘华，每天晚上去的；还有很多上大的学生，他们是轮流去的，像尹景伊就是，杨之华也下去的。白利氏洋蜡烛厂在归化路，那学校是在东京路靠白利氏厂的西面，儿童团也在那里。

以上选自：46. 老工人姜维新谈话记录（主要是有关邓中夏烈士之资料）

采访时间：1957 年 8 月 26 日

采访地点：东湖路 70 号 304 室

采访者：夏明、曹子戈、王天筠

整理时间：2021 年 8 月 30 日

唐文光：我和上海大学的学生比较熟。唐棣华是我的亲戚，和杨之华同学。我们时常请上海大学的学生来演讲，还来教文化补习学校。

以上来源：91. 唐文光　谈话记录

采访时间：1958 年 5 月 25 日

采访地点：福州路上海旧书店

采访者：郑庆声、倪慧英（记录）

整理时间：2021 年 11 月 3 日

④ 向工人宣传顾正红烈士事迹

郑庆声：你什么时候进商务的？

林生仁：1924 年进去的，做了三年多。开始时，是哥哥在里面做，他是烫金的技术工人，而且技术很高，商务里是要吸收这种人才的，因为他们要在教会里印的"新约丛书"的口上烫金。哥哥本来是在汉口做的，就由哥哥的师傅把他介绍到商务里去做。他进去了半年以后，就介绍我进厂去做。

郑庆声：你刚进去时有什么活动吗？

林生仁：开始时没有什么活动。到五卅时，有几个上海大学的学生如何大同等到商务来宣传顾正红的事情。这时，商务里肯定已经建立了支部，不过我还是群众，情况不大了解。

以上来源：89. 林生仁　谈话记录

采访时间：1958 年 5 月 15 日

采访地点：湖南路 208 弄 2 号

采访者：郑庆声、倪慧英（记录）

整理时间：2021 年 11 月 3 日

⑤ 参与第三次武装起义

任其祥：第三次起义时指挥是周恩来，在五区攻下来时就已经来了，就待在五区进行指挥。上海起义后，吴淞也起义了。那里有一部分反动军队就经上海逃过来，这件事由铁路工人来报告了周恩来，这是在第一次傍晚的事。周恩来调了上海大学的学生和商务的一部分工人到天通庵路那里，把铁轨上面的螺丝换掉了，火车开到那里就出轨翻车，很多兵逃了出来，我们就对他们开了枪。军队打信号要我们不要打了，缴枪了，但他们不懂，只看见他们摇呀摇的，以为他们是在指挥，要冲过来了。于是就拼命地打，他们没有办法，有部分兵就往租界上溃逃，使我们少得了一部分枪支。

以上来源：38. 任其祥　谈话记录（一）

采访时间：1957 年 3 月 9 日

采访者：徐同甫、倪慧英（记录）

整理时间：2021 年 8 月 24 日

6. 针对上海大学的完整访谈：编号 60　许德良谈话记录

许德良同志谈话记录

时间：1957 年 8 月 19 日

地点：市工联干校

访问人：夏明、曹子戈、徐承祖同志

记录：王天筠

夏　明：什么时候你在上海大学？

许德良：上大原来学校的名称一时想不起来了……

徐承祖：是叫"东南高等师范专科学校"？

许德良：噢！后来改为上海大学，我同邓中夏同志一起住进去的，大概是在 1923 年吧，那时的上大在青云路青云里，工运史料委员会图片展览上的一张照片把时间弄错了。上海大学在青云里弄堂内。

那时中夏同志是担任校务长，他实际上做的是校长工作，于右任不过是名义上的校长。校内分美术系，主任是洪野鹤；英国文学系（是上大反动的大本营），掌握在国民党右派何世桢手里；另外是社会科学系，开始时瞿秋白做系主任；还有中国文学系，我记得系主任是陈望道，中间有没有换过人不知道了。社会科学系的系主任也换过人，瞿秋白离开后，彭述之担任过一个长时期。还有附中，开头主任是陈德徵，这人是国民党的人。

大概过了一年，从青云路搬出来，是我经手的。一搬搬到现在的陕西路南阳路，学校在陕西路上，整队南阳路，因此校门是朝西的。

夏　明：几号？

许德良：记不得了。

徐承祖：这一点可以查翻报纸材料。

许德良：当时租金是三百元一月，后来校舍扩大了，又把靠北面的中国式房子租下，又把对面新造的时应里房子也交涉下来的。

那时陈德徵也已经赶走了，赶走陈德徵这件事是刘华发起做的，这还是青云里的时候就赶走了。陈跟叶楚伧的关系是很密切的。刘华当时叫刘剑华，是上大学生，四川人。他到上海来的目的是工读。但，到上海找不到这样的学校，因此他先到中华书局去做工。上大办起来后，他写信给于右任过，才进上大念书，那时他们经济情况很不好，陈德徵想收买他，给他两元一个月的另用，于是陈德徵在学校里很坏，刘华发起组织一些同学把他赶跑了。

至于何世桢是搬到西摩路（现在的陕西路）就走了呢，还是在青云路时就走了，记不清了。好像到了西摩路后他还教过一个多月的书，后来因为同校内的同志意见不合而离开了。他在上海另外办了一个大学，把英国文学系学生和部分附中的学生拉过去作为基础。后来上大的英国文学系由周越然负责。

中夏同志在五卅运动时不在上大了，换了党外人来，名字想不起来了，总是陕西人，那人后来也不做了，换了韩觉民来，韩觉民四一二时叛党，搞反共宣言。

夏　明：中夏当时在上大搞些什么活动？

许德良：上大草创时期的规划是他搞的，他当时实际上搞的是校长工作。瞿秋白大概担任的是教务主任兼社会系主任，担任社会系主任是肯定的。那时中夏同志的薪水我倒记得，一个月是八十元。当时的教员是一元钱一个钟头，后来才改为两块钱一个钟头。

夏　明：学校经费是哪里来的？

徐承祖：广东寄来，当时名义上是同国民党合作的，但经费还是感到很困难，房租交不上。我当时是搞事务工作的。底下也有一个人非常的忙，订合同交涉是由我出场的。那时的地产公司是靠外国人牌头的，时应里的房东本来是中国人，却去入了荷兰籍。上海大学欠了他的房租，他要打官司。我当时对付他们办法，真所谓施用"软硬动"，一方面向他软来，说："对不起，房租一时付不出，但我们是教育机关，总不会少你的。"另一方面看到他不答应，同他硬，说："去告好了，你也是中国人，不过入了外国籍，最多是封了学校的门！"他也没有办法。

中夏同志八十元一月，但生活是刻苦的，他的嗜好是抽烟，手指黄黄的，他还接济朋友，当初跟我一起入党的（当时他的关系在上海大学外面，现在也不是党员了），这人解放后我还碰到过，知道中夏同志当时是帮过他忙的。那时我们同志少，大家都知道刻苦的，革命经验也差些，给人家一认就可认出是共产党员，头发也不知道梳梳光的。中夏同志的头发就是马马虎虎的，穿双很旧的皮鞋，还不擦油，着倒是着西装，看起来真是上海人所说的"蹩脚西装"，袜子也破的，露出脚后跟来。他离开上大后，张太雷去过社会科学系。

徐承祖：李达去过吗？

许德良：李达是去没去，还有李季（谐音，后来变为托派，听说现在中央做翻译）去过。

夏　明：有人说这人在上海。

许德良：那不知道了，蒋光赤（后来改蒋光慈）也去过，任弼时在里面搞了一个短时期，施存统（复亮）、蔡和森去过。

徐承祖：恽代英去过吗？

许德良：恽代英不在社会科学系，刘大白、沈雁冰去过。

徐承祖：李大钊去过吗？还有田汉呢？

许德良：田汉去教过的，还有谢六逸（不是党员），还有周建人。

徐承祖：张奚若去过吗？

许德良：记不得了。中学部是由这样一些人：杨明轩（现在民主同盟），侯绍裘（是我们的人）。恽代英（肯定他去过）、萧楚女、李汉俊（大概是要调去而没去。上面也想把他调去做社会系主任，但结果又没调去）。恽代英穿的是中国衣服，生活也同中夏同志一样，很刻苦。

徐承祖：美术系是不是有苏联女同志去教油画的？

许德良：那时美术系也教模特儿的，记不清楚了。

徐承祖：是不是有平民学校？

许德良：那是学生去教课的。

徐承祖：夏令讲学会呢？

许德良：那是上海学生联合会名义搞的，不过借的是上大校舍。那时本地学生少，都是外地来的，时应里店面房子楼上就是学生的宿舍。

当时上大学生有柯柏年，过去叫李春蕃（现在是驻罗马尼亚大使），听说丁玲也在上大读过书，现在有很多人过去是上大学生，在当初社会科学系读的最多。阳翰笙也是上大学生，杨之华（不过是在中国文学系）也是……

徐承祖：杨之华也在社会科学系吧？

许德良：……张琴秋也是上大学生，她同杨之华住在一起，阳翰笙爱人唐棣华也是上大学生；我教过她的书，那时她在附中，平心也是上大学生。

夏　明：现在哪里？

许德良：在华东师大当教授，还有戴介民，现在重新入党，也在华东师大。后来五卅"避风头"，海军陆战队到上大来搜查，把我们当匪徒一样，要我们搬出东西，还不许走西摩路，要走南阳路，这样校舍就给占了。

夏　明：这是为什么？

许德良：五卅时上大不是大本营吗，结果帝国主义就来驻扎军队，上大搬到西门附近方斜路。

徐承祖：方斜路作为临时校舍？

许德良：实际只是办办公。后来又搬回到青云路，但弄堂换了师寿坊，那时青云里是在宝兴路西面，而师寿坊是在宝兴路东面。过去的青云里弄堂少，是没有住家的。搬到师寿坊是在 1925 年的下半年，那年上半年就没上课。

夏　明：那时中夏去吗？

许德良：不去了。

徐承祖："二月罢工"时，中夏同志还在上大吗？

许德良：他在二五年就不在了[1]，他被捕的消息，我们在学校里听到的，后来中夏同志担任过国民党的农工部长。

夏　明：这不会是吧，没听说他兼过。

许德良：兼过，那时国民党有西山会议派分裂出去时，中夏是兼上海市党部的农工部长呢还是叫什么，名称弄不懂了，但兼是肯定的，这是左派的国民党，原来是在环龙路四十四号吧，后来四十四号给右派拿去，搬到桃而非司路[2]上。

到 1927 年头上也许是 1926 年年底，上大在江湾的校舍造好了，但到那边也没很好上课，因为四一二事变发生了，学校给国民党抢去了，封了门，在新校舍中等于没上课。当时在中学部我担任的是训育主任，但谁是

[1] 据《邓中夏年谱》，1924 年秋，邓中夏辞去上海大学教务长一职，专心致力于工人运动。1925 年其仍然在上海活动，参与指挥"二月罢工"。参见冯资荣、何培香主编：《邓中夏年谱》，中国文史出版社 2014 年版，第 184、192 页。

[2] 许德良回忆材料中的"桃而非司路"（原文如此），即"陶而斐司路"，法文名为 Route Dollfus，现为南昌路东段。参见《上海地名志》编纂委员会：《上海地名志》，上海社会科学院出版社 1998 年版，第 662 页。

中学部主任也是糊里糊涂，说明那时是很乱的，这是在三次起义时。

徐承祖：当时由青云路搬到西摩路时，是不是嫌房子小？

许德良：要想办得像样些么，认为弄堂房子总是不行，所以搬到西摩路。

徐承祖：是两幢房子？

许德良：一幢，后来又租下一幢中国式房子，有门互通（附图）。

曹子戈：你是几年进上大的？

许德良：二三年吧，是一办起来就进去的。

曹子戈：是几月还记得吗？

许德良：是春节开学的时候吧。总是天不热，刚开学时，我们还吃过西菜。

曹子戈：改上海大学是几年？

许德良：……是不是那时？

徐承祖：我看到材料是在 1922 年 10 月份。

许德良：那可能，改了校名后我同中夏才去的，是二三年头上、新部署起来的，人事也调动了，这些都是中夏规划的。何世桢那时是教务主任，而我们由邓中夏当校务主任，也许是照顾到对方面，双方面都放一职位，后来的教务主任也是我们了，由瞿秋白担任。

曹子戈：中夏同志离开上大的时间还记得吗？

许德良：那是在二五年头上吧，那时陕西人来了。

徐承祖：刚开办时，我们党务很多，但国民党校长于右任是不是经常来开会？

许德良：他不大来，后来由副校长邵力子代理办事的。

徐承祖：说叶楚伧也在中国文学系教过。

许德良：唔。

徐承祖：还有杨杏佛去过吗？

许德良：记不得了。

徐承祖：听说戴季陶、吴稚晖还去做报告。

夏　明：戴季陶那时还是左派呢！

许德良：那时恐怕是左派，后来他在交易所发了财变了。

曹子戈：邓中夏同志担任的是不是教务长？

许德良：是校务长，校长不在由他负责。

徐承祖：我在 1924 年的报上看到邓中夏同志是校务长，何世桢是学务长。

许德良：没有学务长这个名称。

徐承祖：二三年的报上登载着邓中夏同志是总务长，有没有这个名称？

许德良：那是错的，学校里搞事务的就是我。

曹子戈：韩觉民不是也担任总务长的吗？

许德良：他担任的是中学部主任。中夏同志走后，来的一个陕西人我记得了，大概姓刘，韩觉民是先到上大教书，接着做中学部主任，后来又继任中夏同志的职位，这人在四一二时叛变的。

那时汪精卫（国民党改组后）住在上海法租界宁康里，我为了学校住费到他家里去过，是两楼两底的石库门房子，里面都是些竹制的家具。那时邵力子还是党员，他倒是切实做事的。

徐承祖：他是《觉悟》编撰。

许德良：是的，五卅运动后放逐出租界，才到广东去的。

曹子戈：邓中夏同志还担任什么工作？是不是上课？

许德良：他完全做行政工作，没上过课。

徐承祖：我看到材料，他好像兼过一短时期的课。

许德良：我想没有这件事。李汉俊好像没有来，哲学家李石岑来过，这是在师寿坊时；这人四一二事变后倾向比较好，也是济南大学教授吧；沈志远那时来教过英文。

曹子戈：邓中夏同志除了在校内工作，校外工作的情况知道一些吗？

许德良：他当时住在闸北宝山路宝山里，这弄堂是一面通宝山路而一面通宝通路的。我记得不是石库门房子，前面有一道矮墙，那时我时常去的。

夏　明：带我们去找找可以吗？

许德良：可以。《中国青年》那时就有，现在看看这四个字还像是中夏同志的笔迹，他的字我认得。那时的《中国青年》是小本子的。

曹子戈：他是不是在编这东西？

许德良：那不知道。陈独秀也到他那里去的。那时恽代英在《中国青年》发表的文章最多，恽代英写起来长篇大论的，他有线装书，时常到书铺子去看看；一看到有用的书就买回来，但有时一时又不看，做目录放在书架上，等到写文章时想到要用的材料某本书上可能有，才又去翻，摘写出来。那时他的笔名叫"但一"。他演讲的口才特别好，吸引力很大。当时国民党只汪精卫会讲话，而我们一边有恽代英，讲得"呱呱叫"。恽代英房间里没样子（他也是没家眷的），衣服也是买现成的，冬衣换夏衣时冬衣就往典当里一送。

夏　明：对！对！对！他们都是这样的。

许德良：他是穿中国衣服的，鞋子倒是穿皮鞋的，但同中夏一样是坏皮鞋。我听中夏讲过，他兼过国民党的农工部长，或者是工人部长。他还讲过这样的话。

夏　明： 说过什么？

许德良： 他说国民党讲我们共产党员有暗号，一看就知道，头发不梳的。

当时学校有这样的特点，特别是搬到师寿坊后，何世桢一些人走后，学校里都是我们的人了，统一起来后。某一人进了上大，半年后可以成为一个左派，再多一些时间，就成为共产党员。上大当时买书买得很多很多，都是些进步书，像《帝国主义铁蹄下的中国》这本书就买得很多，那时校门口的书摊很值钱，也订《向导》《中国青年》。

徐承祖： 上大是不是有书报代售处？

许德良： 记不得了。书摊是摆在学校口的，当时上海党开过长江书店[1]（开设的时间不长），上海书店开设在西门跟北门之间，经理是徐白民。

---

[1] 1927 年 2 月，北伐军占领杭州、嘉兴，直逼上海、南京，在此情势下，中国共产党决定在上海恢复出版发行机构，以《向导》《新青年》《中国青年》三刊物名义成立总发行所，地址为原来的宝山书店。北伐军占领上海后，该发行所易名为上海长江书店，地点设于南市老西门共和影戏院（今中华剧场）旁，4 月 10 日起正式营业，但仅成立数日后因"四一二政变"停业。参见张煜明编：《中国出版史》，武汉出版社 1994年版，第 338 页。

曹子戈：上大算是谁办的？

许德良：表面上是国民党办的，实际上是合办的，主要的也是我们去做工作，后来的主要负责人也是我们，邵力子副校长也是共产党员。

徐承祖：学校里的斗争是怎样的？

许德良：在师寿坊时斗得利害，陈德徵、何世桢都斗出来了，这是在二五年以前，学生中打起来的地方，这是在二五年二六年之间。

徐承祖：跟叶楚伧斗过吗？

许德良：……

徐承祖：是不是上大一开办，叶楚伧来了？

许德良：是的。

徐承祖：起初我们同国民党部有人，是不是有矛盾？

许德良：开头是没有的，矛盾也是逐步深刻起来的，开始即便有，也不会表现在表面。二五年以后上面没有斗争了。

徐承祖：上大学生还是单单读书呢，还是联系实际的在外面也搞活动？

许德良：上大学生在外面搞活动的很多。

五卅事变开顾正红追悼会，上大中国文学系学生朱义权，是党员，他带了一些中学部学生到潭子湾去开追悼会，普陀路巡捕房把他们扣住了，我到巡捕房去送过被子的，还同外国人打交道，被扣的第一天和第二天我都去的。外国人对我说："这些学生实在麻烦，坐牢坐到这里来，还要唱歌！"当时唱的歌词是："打倒列强，打倒列强，除军阀，除军阀，国民革命成功，国民革命成功，齐欢唱，齐欢唱！"

五卅那天，帝国主义要审问这些学生，这判决内容我们是知道的，审审就放的。那天我们决定到会审公堂（后来改临时法院的地方）带了爆竹去接他们出来。并且决定所有上海学生出动，浦东中学（杨思中学）的学生，在那天一清早就过江来了，帝国主义阻止一些学生发传单、演讲，而我们则认为：这是在中国地方，说是租界，你们帝国主义可没出钱向我们租，一定要发传单、演讲。

吃过饭后是高潮时间，当时大马路现在的中百公司一带房子还低，附近一带人越来越多，我们所采用的办法是这样的，你抓人就跟着你到巡捕房去，看你里面能关多少人。马路上的人是越来越多。巡捕两只手是只能抓两人。当时我们也听号令（有交通发命令的），我们的暗号是在手背上贴橡皮膏（贴在左手还是右手记不得了）。下午三点左右，惨案发生了。早先老闸捕房的大门是在现在觉民眼镜公司的地方，而后门却是现在我们老闸公安局的大门，是外国巡捕命令向群众开枪的。接着大家就集中到天后宫桥桥堍的总商会去，要求商界罢市。

惨案发生后，先施、永安公司到西藏路一带的热闹地方顿时变成凄凉的所在（五时左右），两边架起了机关枪，老闸捕房关得了学生。

这次罢工，洋行也罢了，外国人家的奶妈、大司务也罢了，弄得外国人饭也没人烧。这件惨案关涉到日本人、英国人，他们参加公审审不了，最后是美国人同中国人关炯之审理这件案子的。瞿秋白有个兄弟叫瞿景白，身子坏的，年纪很青，他也被捕的。审问时美国领事问他是在上大读什么系？他说是社会科学系，美国领事又说："既然研究这门功课，那么中国古书也念过的。"按着这个领事还会背了几句中国古书上的词句，意思是"只要读书好了，不应当过问别的。"瞿景白说："是不斗争呀！但这是中国的主权，这在中国土地上，什么租界，你们出多少租金？"那时巡捕房还"优待"一些被关的人，让他们吃蛋炒饭，但挨打还是挨打，而叫瞿秋白的兄弟是 Hero（英雄）。当时外面拍来上海的电报好多是上大转的。

徐承祖：是不是在二四年时派一些学生到工厂里去？

许德良：我只记得学生不是死读书，社会活动很厉害，这可以肯定。

徐承祖：学校创办时，艰苦情况是怎样的？

许德良：工钱有时也付不出，学生也穷苦的多；他们付不出学费，而学校的办法是让教员包了去，将来收不到学费时在教员的薪水内扣。

徐承祖：江湾选校舍的钱哪里来？

许德良：广东也有一部分钱。大多是学生去捐来的，通过社会关系。当时捐钱这种做法，在社会上是很多的。

徐承祖：本来有没有想过选在宋公园路？

许德良：有过。

夏　明：有没有职业学校？

许德良：没有。上大跟北京做法一样，办平民学校。

徐承祖：中夏同志是筹办学校基金委员会筹备处的负责人，我看到材料，当时有派人到南洋去募款的。

许德良：没，没，写信去要求捐款。

我们同反动派的斗争经验也是逐步逐步提高的，所谓"道高一丈，魔高一尺"，反动派本来是贴了封条捉人，而我们看到封条知道规避，后来反动派就不贴封条，想等我们去上钩。另外最初我们见面相互介绍称同志，后来也改用同学名称，其实同学也就是同志。

曹子戈：邓中夏同志给你的印象是怎样的？

许德良：人很忠厚，生活艰苦。

曹子戈：他是不是白天经常在学校？

许德良：没整天在学校，当时半天，有时半天多些。他还走开搞别的工作去。

曹子戈：住在宝山路宝山里，是一人住？

许德良：一人住。

夏　明：几号？

许德良：……

徐承祖：这是在二四年？

许德良：上大初办时，他住在商务印书馆近宝山路的铁路北面，那房子现在是没有了，我记得正对铁路南向当时有一所蛮大的洋房。那地方他也是一人住的。后来他又住过马霍路，现在电车公司工作的周启邦，同中夏同志一起住过那地方。

曹子戈：他住的地方有些什么摆设？

许德良：简单得很！一只书橱，好像书橱的上半段小一点，配装整洁的，下面阔一点，靠窗有一只写字台，还有一只就是床铺。他就喜欢抽烟，一边写东西时，一边抽烟。他有一个公事包，到学校来时总夹。旁的没有什么了。我没看见他同同志发过脾气，说话时面容总是笑眯眯的。

徐承祖：同同学接触多吗？

许德良：他来到学校办公，谈问题，事情多，而学生又都大多时间在上课，因此同同学接触不多。我印象就是他待人接物很温和，不是"凶来西"。

至于刘华他同我住过一个房间，这同志我的印象是立场稳，像他叫陈德徵换了别人又也许觉得不好意思，而他说，要斗就斗。高中一年级时，他同我住在一个房间，当时编的教科书也真不合理，历史教科书也用英文本子，而且还很厚，他就啃这东西，因为他英文程度不好，都是生字，读起头，头痛，他就用冷手巾覆在额上来清醒头脑，由于他的努力，再加上我当时教英文，看到他这样学，在旁指点指点他，他也逐渐逐渐突破困难，这是夏明轩当中学主任的时候。五卅运动前他就被调出上大，要调他走就走，要知道他到上海是为念书来的，但是工作需要他，不读书他也请愿。

曹子戈：上大出过校刊吗？

许德良：没出过，只出过《上海大学一览》。

徐承祖：我知道出过校刊，《上海大学一览》也有，五卅时出过特刊，那时登载在《民国日报》上的。上大的校刊还很多。

许德良：有没有出过校刊没印象了，我记得《上海大学一览》的书面红字由于右任写的。

徐承祖：上大是不是到上海书店去印刷东西？

许德良：不一定。像社会科学系有自印的讲义。

曹子戈：在上大，邓中夏同志有没有用过其他名字？

徐承祖：就用邓中夏，但知道他有其他的一个名字，叫邓安石。先用"安石"名字，后来还是"中夏"用得多。

杨贤江上大去教过，教什么记不清了，郑振铎有没有去过记不得，但沈雁冰同他很接近，不知有没有拉他去过？

徐承祖：办特别讲座时，邓中夏、李大钊、汪精卫都去讲过。

许德良：李大钊是不是在上大教过记不得，但他来过上海。因为我在复旦念书的时候，李大钊、陈独秀都去讲过话，去讲的还有曹聚仁，现在不知道在哪里，但不是党员。

曹子戈：有校务委员会，还有评议会吗？

许德良：校务委员会是有的，但评议会不记得。

还有黄逸峰也是上大的学生，好像在徐家汇经济研究所吧。

上大情形问戴介民和平心可能知道多些。至于丁玲在上大时间不长，知道不多。陈望道是自始至终在上大的。茅盾阿舅叫孔另境，当时也在上大中国文学系，但这人政治不开展[1]。杨之华是上大搬到西摩路后才进去

---

[1] "这人政治不开展"指 1927 年"四一二政变"后至杭州任县委宣传部秘书之后，因县委组织革命暴动失败，导致与党组织失去联系一事。参见《中国文学家辞典》编委会：《中国文学家辞典·现代》第 2 分册，文化资料供应社 1980 年版，第 91 页。

的，还有一个当初在上大的，我在昨天才知道，这人是聋子，叫姚天羽，现在上海劳动局，在上大时是搞写钢板发讲义工作的，听说现在也搞这工作。

整理汇总者：上海师范大学人文学院　专门史专业博士研究生

老工人谈话记录中的刘华

陆轶隽整理

整理者按：1957—1958 年，为纪念上海工人三次武装起义三十周年，上海工人运动史料委员会向部分当时参与起义的老产业工人进行口述资料的征集，访谈的书面稿即为"老工人谈话记录"，目前收藏于上海社会科学院历史研究所现代史研究室内。"老工人谈话记录"主要记载了这些老工人如何参与五卅运动、上海工人三次武装起义的历史钩沉，其中也不乏如汪寿华、刘华、瞿秋白、邓中夏等早期党的工人运动领导人之革命事迹与生活细节。本篇将挑选"老工人谈话记录"中与刘华相关的革命活动与日常生活之记载，以飨学界。

1. 印刷工人刘华

王梅卿：商务印书馆是比较老的，起初在观音码头那里，很小。后来到了闸北海宁路江司捕房那里发展起来了，到宝山路时是大发展了。其中有日本人的股子，三井洋行的股子，这样就扩大起来了。我在商务印书馆里是做印刷工人，那时在宝山路上，反对"廿一条"时，为了抗日 [1]，把印书馆里的日本股子退了出去，提拔我们工人加入一些股子；另外我们彩印一部分有十三个日本技师，有的加契约，有的没有契约，这些技师也不再继续下去了，提拔我们中国工人来做。我们彩印工人的生活是比较好的，这就是彩印工人没有参加革命的原因。不过印刷工人中参加革命的也不少，如陈云、刘华等都是印刷工人。这是在 1925 年"五卅"以前，到 1925 年以后大革命高潮后，就逐步的发展了。

以上来源：1. 王梅卿　谈话记录

采访时间：1957 年 4 月 5 日

---

[1] "抗日"指 1914 年商务印书馆收回日本股份一事，但是其发生于抗议"二十一条"（1915 年）前，此处受访者王梅卿回忆有误。参见商务印书馆编：《商务印书馆大事记》，商务印书馆 1987 年版，第 35 页。

采访地点：北浙江路海宁路

采访者：沈以行、郑庆声、姜沛南、郑卓吾、倪慧英（记录）

整理时间：2021 年 7 月 5 日

江元青：和我同一部分里有一个学徒，比我年龄大些，他就是刘华。他对厂方开除 [1] 我们这件事很反对，在里面到处进行宣传，说明我们的要求是合理的，开除我们完全是没有理由的。

郑庆声：你和刘华是谁先进厂 [2]？

江元青：他迟一些，年龄比我大二岁。当时我们还没有什么组织，为了我们这件事而要引起罢工，那还没有条件。所以结果我们要回厂是不可能的，由于刘华在里面宣传，引起了一些老师傅的同情，因此他们帮助我们被开除的人介绍到别地方去工作。这是 1922 年的事情。

沈以行：劳动组合书记部里没有几个人，是不是李启汉？

江元青：是的，李启汉是夏明的哥哥，因为他们都

---

[1] 开除事件发生在 1922 年，理由是江元青等工人要求资方应为加夜班另加劳务费，遭资方拒绝后被开除。

[2] "进厂"的"厂"应为中华书局印刷厂。

是搞革命工作的，所以邓中夏就娶了李启汉的妹妹做老婆。在妇女方面也有工作的，如搞些缝纫工作等，以上是 1923 年活动的情况。1924 年时，我已经参加党了。在国共合作以后，搞了一个上海大学，校长是于右任，实际负责搞的是瞿秋白、施存统等，都是我们共产党方面的。刘华那时在学校里半工半读，一方面写油印，一方面读书。国共合作后，我们替他们发展组织了，最初在静安寺方面有一个区党部是由我负责的，名义大概是什么部长、书记记不起了。后来在环龙路 44 号市党部里有一个"工人运动委员会"，主任是徐梅坤，要我到那里去当委员。开会时，市党部算是叶楚伧负责的。邵力子我也看到过。实际上"工人运动委员会"里国民党是没有在搞，都是我们共产党的一些党团员在负责搞工作。

以上来源：44. 江元青　谈话记录

采访时间：1957 年 7 月 18 日

采访者：史料委员会全体成员

姜维新：他（邓中夏）经常下来，同我说起过这样的话："团结起来，才有办法。"我同他二四年相识时，还在学校，那学校本来叫半月学校，后来改俱乐部的。当时沪西区洋蜡烛厂有一个俱乐部，项英一些人都在内。

夏　明：就是工友俱乐部？

姜维新：一进去是读两个钟点书，分两班制，早上是七点到九点，晚上也是七点到九点，早晚去上课的各有几十人。中夏是只找人到楼上去谈谈，做教育工作，不教书。教书的有在中华印刷所工作的刘华，每天晚上去的；还有很多上大的学生，他们是轮流去的，像尹景伊就是，杨之华也下去的。白利氏洋蜡烛厂在归化路，那学校是在东京路靠白利氏厂的西面，儿童团也在那里。

以上来源：46. 姜维新　谈话记录（主要是有关邓中夏烈士之资料）

采访时间：1957 年 8 月 26 日

采访者：夏明、曹子戈、王天筠（记录）

采访地点：东湖路 70 号 304 室

整理时间：2021 年 8 月 30 日

许德良：那时陈德徵也已经赶走了，赶走陈德徵这件事是刘华发起做的，这还是青云里的时候就赶走了。陈跟叶楚伧的关系是很密切的。

刘华当时叫刘剑华，是上大学生，四川人。他到上海来的目的是工读。但，到上海找不到这样的学校，因此他先到中华书局去做工。上大办起来后，他写信给于右任过，才进上大念书，那时他们经济情况很不好，陈德徵想收买他，给他两元一个月的另用，陈德徵在学校里很坏，刘华发起组织一些同学把他赶跑了。

以上来源：60. 许德良　谈话记录

采访时间：1957 年 8 月 26 日

采访者：夏明、曹子戈、徐承祖、王天筠（记录）

采访地点：市工联干校

整理时间：2021 年 9 月 30 日

2. 刘华的生活细节

① 刘华的被子

朱英如：何松林 [1] 和我很熟悉，我在他房里看到他的被头很旧，就对他说："外面说上总的委员长是住洋房，讨小老婆，但是你连条好些的被头也没有。"他笑笑对我说："这条旧被头还是刘华的遗产呢！"他身上穿

[1] 指汪寿华（1901—1927），浙江诸暨人，1923 年加入中国共产党，任中共江浙区委（上海区委）常委、区委职工运动委员会书记，上海总工会代理委员长，是五卅反帝爱国斗争的主要领导人之一。1926 年 10 月至 1927 年 3 月，先后参与指挥了上海工人三次武装起义。上海工人第三次武装起义胜利后，当选为上海总工会委员长。1927 年 4 月 11 日深夜被杜月笙指使打手活埋于上海城西枫林桥，是四一二反革命政变中第一位牺牲的共产党员。

了一件很旧的绸的长衫，一件泛白的罩衫。我后来想法替他和李立三一人做了一条被头，他说："到底是大姊姊好，处处关心我。"

以上来源：9. 孙诗圃、朱英如、郑明德、梁闰放谈话记录

采访时间：1957 年 3 月 14 日

采访者：徐同甫、倪慧英（记录）

整理时间：2021 年 7 月 21 日

② 刘华的外表与着装

赵　自：他是怎么样一个人，说些什么话，穿得又怎样？

吴善明：噢？他穿得随随便便的，头发长长的，胡子不刮，几个月不洗脸，真是刮刮叫的人。东洋厂狗腿子很多，常常想弄死他，却又不能做。有一次一些狗腿子要请刘华到五厂工房那边青云楼去吃菜。刘华同我们一些人开会讨论是不是要去，我们意思是不要去，他说"去了牺牲，是为群众，走狗弄死我，是搞臭名"。他坚持要去，我们一些人就搞四把手枪，在楼下保护他。

以上来源：11. 吴善明　谈话记录

采访时间：1957 年 2 月 19 日下午

访问人：郑庆声、徐同甫、赵自、顾仲彝、芦芒、邱枫、哈宽贵、唐铁海、王天筠（记录）

整理时间：2021 年 7 月 27 日

赵　自：刘华穿什么衣服的？

刘贵宝：穿中装，是蓝颜色的自由布做的。

以上来源：13. 刘贵宝　谈话记录

采访时间：1957 年 2 月 28 日

访问人：徐同甫、郑庆声、赵自、唐铁海、王若望（邱枫）、倪慧英（记录）

整理时间：2021 年 7 月 27 日

徐步成：工会是刘华负责领导的，他和我们开过一次会，他忙得眼睛隔了下去，头发是长得不得了。他和我们开了会，讲了许多话，我们思想上是明确的，对他的话也要听的，不过就是不大敢发挥，怕闯祸。

以上来源：85. 徐步成　谈话记录

采访时间：1958 年 5 月 13 日

访问人：李伯毅、倪慧英（记录）

整理时间：2021 年 10 月 25 日

③ 刘华所讲的方言

赵　自：刘华是什么样人呢？

吴善明：他是亲爱的人。

赵　自：住在什么地方？

吴善明：就是办事处。

郑庆声：是不是潭子湾三德里？

吴善明：是去那地方。

赵　自：讲的是四川话？

吴善明：是的。

赵　自：工人听得懂吗？

吴善明：听得懂的。

郑庆声：他讲些什么呢？

吴善明：噢！他讲工人是怎样的受帝国主义、资本家的压迫，我们要团结，站立起来反抗压迫，如果无故打骂，我们不！答！应！

赵　自：当时巡捕不干涉吗？

吴善明：巡捕也听了"交关"（许多）呢！有些话他们也听得进去，还有的叫我们活动要当心些呢。

以上来源：11.吴善明　谈话记录

279

采访时间：1957 年 2 月 19 日　下午

访问人：郑庆声、徐同甫、赵自、顾仲彝、芦芒、邱枫、哈宽贵、唐铁海、王天筠（记录）

整理时间：2021 年 7 月 27 日

赵　自：刘华是怎样一个人？对工人好吗？

刘贵宝：他是四川人，对工人很好，很刻苦，生病时，要他去看他不肯，有时甚至二三天不吃饭。我们劝他工作是要做的，但是饭也要吃的，生病也应该去看。他是我们的领导人，要领导廿三个厂罢工，工作很忙，常常要去演讲。那时杨之华也在，我在 1924 年时由刘华介绍加入青年团的。

郑庆声：你怎么认识刘华的？

刘贵宝：是盛松林带他到我家里来的，我家是住在同兴工房六号，只有母女三个人。

赵　自：到你家来做什么？

刘贵宝：一起来的有好几个人，都是我们厂里的人，有王金妹、刘小妹、王瑞安等。是来开会的，刘华讲的四川话，我听不懂。后来他们办了一个补习学校，要我们去读书，我去读了一个礼拜，话听不懂。刘华来问过我，我对他说话听不懂。教书是大夏大学和南洋大学的学生来教的。后来在小沙渡大自鸣钟那里也办过学校。

办学校是在成立俱乐部的前面，后来才有了俱乐部。

以上来源：13. 刘贵宝　谈话记录

采访时间：1957 年 2 月 28 日

访问人：徐同甫、郑庆声、赵自、唐铁海、王若望（邱枫）、倪慧英（记录）

整理时间：2021 年 7 月 27 日

④ 刘华的日常饮食

郑庆声：你和刘华在一起时，谈过些什么话？

王宝奎：谈的都是经济政治斗争等方面。刘华平时不戴帽子，欢喜吃些大馒头，身体长又瘦，头发养得很长。

以上来源：101. 王宝奎　谈话记录

采访时间：1958 年 6 月 11 日

访问人：郑庆声、余卫平（记录）

整理时间：2021 年 11 月 16 日

3. 刘华的革命行动

① 与沪西工人俱乐部

黄浩：党组织没有建立以前，在沪西（现在的江宁区和普陀区）有个工人俱乐部，主要是项英、邓中夏、许建国 [1]、刘华等人负责搞的，时间在 1924 到 1927 年。一般的讲，内外棉工厂的工钱很低，童工是每天不到一角。我那时是十一岁，在纱厂里接头。时间要做十二小时，早上六点钟进厂到晚上六点钟出厂，还要做礼拜工，礼拜工要做十四、五个小时。每天连在路上来去要花去十三、四个钟头。因为童工身体比较差，在工作时间有时要打瞌睡，被工头、日本领班看见常常要挨骂被打，甚至打伤。耳朵被打聋的常常有，弄得不好还要被开除。有些工人在冬天时没有鞋，赤了脚在雪地上走到工厂里来上工。住的房子，工房是很少的，都是棚户比较多。工人处在这样的工作条件、生活条件之下，有些工人就自己拜兄弟，目的是在开除以后可以互相帮助，互相支持。但是后来工人感到单是拜兄弟还是不够的，因为还只是少数的人，要厂里更多的人组织起来、团结起来，这样才可以对厂里的工作条件、生活条件进行斗争。后来工友俱乐部成立后，大家就提出怎样把俱乐部组织得更好。同时就用平民夜校组织大家读书，使工人

[1] 此处应为受访者记忆有误，许建国在中华人民共和国成立后任上海市副市长兼公安局长（受访时），而在 1924 年沪西工友俱乐部成立时，在江西萍乡任铆钳工并参加工运，不在上海。参见王健英编：《中国红军人物志》，广东人民出版社 2000 年版，第 225—226 页。

一方面可以受些文化教育，另外还可以进行一些阶级教育，讲些工人阶级为什么要受压迫、受剥削，工人阶级怎样才能解除自己的压迫和剥削，自己解放自己。把苏联的革命过程以及新兴的社会主义国家的好处向广大的工人进行宣传教育。那时参加教书的有项英、刘华、恽代英等。

其次党依靠了沪西的工人进行了斗争。在1924年春天，沪西除了俱乐部以外，还有儿童团的组织，还有一些文艺活动，这些都是属于俱乐部活动之一。这些活动开始是在内外棉五厂，后来发展到其他厂。在厂里是首先发展在粗纱间，因为那里的成年工比较多，然后再到细纱间，这里女工童工比较多，这样把工会慢慢建立起来了。对工厂的头脑也作了一些统战工作，因为我们要团结厂里一切可以团结的力量。但是那时党的经费来源还是比较困难，我们没有根据地，没有政权，经费都是募捐来的，像领导是做具体工作的刘华（他先是在商务印书馆工作的，后来调到沪西来），他的生活是很艰苦的，住在一个灶披间里，也没有床，仅仅是铺了一层厚的稻草。吃饭时大饼油条能够吃饱已经很好了。有了工会后，对厂内开始了斗争，首先是反对开除工人，反对打骂。从这样小型的斗争逐渐的把范围扩大了。厂里因为在租界上，就利用巡捕房来镇压罢工，镇压斗争。在

1924年底把沪西工友俱乐部都封闭了[1]。党已经估计到资产阶级会和帝国主义勾结起来对付工人的，就把俱乐部有计划的移到浜北潭子湾去。这说明党是工人阶级领导的核心，如果事前没有思想准备是要受到破坏和打击的。

以上来源：10.黄浩　谈话记录

采访时间：1957年3月5日

采访者：徐同甫、赵自、顾仲彝、邱枫、费礼文、倪慧英（记录）

整理时间：2021年7月23日

徐同甫：沪西工友俱乐部发起时刘华在吗？

王瑞安：先是项英在的。后来就是刘华，他另外也叫刘剑华。邓中夏、杨之华、恽代英等也常常到那里去的。

徐同甫：俱乐部有些什么活动？

王瑞安：一方面有识字班，教工人识字读书，另外还有一个青年团，是由蔡三负责的，我参加团是由项英和刘华介绍的。

徐同甫：最多时俱乐部有多少人？

王瑞安：有1千个人左右。这情况郭干珍、姜维新

---

[1] 封闭时间不符合史实，似回忆有误。

等知道（他们现在在疗养院）。

以上来源：34. 王瑞安　谈话记录

采访时间：1957 年 3 月 4 日

采访者：徐同甫、郑庆声、姜沛南、冯伯乐、顾仲奔、邱枫、费礼文、黎家健

徐同甫：沪西工友俱乐部记得吗？

李阿三：沪西工友俱乐部是走狗破坏的，开始在宝山路那里，这时是不公开的，很早浜北有一俱乐部，钱江会馆也有一个。

徐同甫：你当时参加过活动吗？

李阿三：去的，但时间不长。

徐同甫：有哪些工作人员？

李阿三：五厂的刘子富，其他不清楚，刘华也在，但他不大来的，偶尔来的。

徐同甫：刘华他是怎样人，印象有吗？

李阿三：工作好，后被日本走狗捉去杀害了。

徐同甫：俱乐部有什么活动内容？

李阿三：那时没有什么东西，去白相相，名义上是俱乐部活动，实际上主要是向工人讲些革命道理。人多时到俱乐部，人少时也有到家里去谈谈。

徐同甫：罢工时有些什么活动？

李阿三：贴标语、散传单、送文件，开会等活动。传单是从浜北那面拿来的。

徐同甫：刘华讲些什么？

李阿三：刘华讲话记不得了。传单折起来放在脚趾缝里，传单是刘华给我，在夜里跑的，白天不跑的。标语是放在鞋子里托底布内的，跑到墙壁边，装小便样子，贴标语的浆糊，用很小盒子放在嘴里，有人来时把嘴内浆糊盒子含在嘴中，无人时，拿出来用，标语是夜里贴的，日里不太方便。有一次，刘华叫我去贴标语，跑到弄堂口将要贴时，被暗探看到，叫我停住，我连忙很快地往前跑，后来鞋子落脱了也不管，就这样逃脱了危险。

以上来源：106.访李阿三同志　谈话记录

采访时间：1958 年 6 月 3 日

采访者：徐同甫、余卫平（记录）

采访地点：李阿三同志家里

整理时间：2021 年 11 月 19 日

刘桂宝：后来，刘华、项英又组织了工人俱乐部，地点是在同兴厂的工房里，流氓看到我们有了俱乐部，就派了人来吵闹，弄得我们不能安宁，因此刘华同志就想法子把俱乐部搬到了安远路（以前的槟榔路），1925年后，就搬到浜北潭子湾。

那个时候，邓中夏同志是常常到我们家里来的，还有刘华、项英、陶静轩、盛松林等也常来，邓中夏同志对我们工人非常客气，李瑞青对他的情况知道得多一些，可以找他谈谈。

以上来源：51. 老工人　刘桂宝　谈话记录（主要是有关邓中夏烈士之资料）

采访时间：1957 年 7 月 27 日

采访者：夏明、曹子戈、倪慧英（记录）

采访地点：东湖路七十号三〇四室

整理时间：2021 年 8 月 30 日

窦一飞：我到工友俱乐部去时，刘华、孙良惠在那边主持工作。我初去时没认识中夏同志，是去了两次后，经过刘华、孙良惠同志的介绍才同中夏同志碰面的，同我一起去的同厂的人告诉我去学文化。

以上来源：57. 窦一飞　谈话记录（主要是有关邓中夏烈士之资料）

采访时间：1957 年 7 月 23 日

采访者：夏明、曹子戈、王天筠（记录）

采访地点：东湖路 70 号 304 室

② 领导罢工运动

王瑞安： 有一次"五一"时，十二厂（专门做回纱的）里有一个工人发传单到七厂（专门织布的）去，在 12 点钟时，日本人都要去吃饭的，这个工人从油房间的小门钻进去，日本人看见了，就追着要打他，他逃了，头也撞破了。刘华知道这件事后，要工人怠工，不要做了，坚持了六七天，没有得到结果。到 16 号时，七厂自动停下来，因为十二厂停了以后，回纱没有了，七厂的布无法织下去，也只得停了。我们工会派了两个代表去交涉，日本人同意我们工人做 12 个钟头工，但是日本人只算 10 小时的工钱给工人，现在厂里不开工，所以只算半工给工人，每天不做工算 5 小时工作。这样，日班工人是解决了问题，大家回去了。但是夜班工人不知道，还是去工厂上工。日本人把门锁了，只剩下了一个饭厅。工人就往饭厅里集合，人多嘴杂，各人讲各人的话。这件事我本来不知道，因为在别的地方开会，刚想回来布置明天的工作，走在路上，看到很多工人从厂里出来，他们一见我，就说："工会代表来了，快些快些，厂里打死了人。"本来顾正红是在九厂工作的，有一个日本的小领班也在九厂，和他不对。后来顾正红到七厂来做后，领班到七厂来升了大班了，有了手枪，日本人的仇恨性比我们大，看到顾正红是有怒气的。这天下午这么多人哄在厂门口时，日本人本来倒还不开枪，有一个走狗说："打好了，打死人不要紧。"这个日本大班就开枪打了，打伤了好多人，顾正红这时在八厂的水龙头弄湿的地上滑了一跤，跌下去时，中了子弹，就打死了。工人大家嚷着要去打这个日本人，我就说不成的，这样做法不好。正在这时，普陀区巡捕房来了，要抓我去。工人大家叫："要抓人我们一起去，反正是没有饭吃了。"我就对抓住我衣服的巡捕说："你是中国人还是外国人？是中国人，那么放下手来，我们谈几句；如果是外国人，我就跟你走。我现在在帝国主义的租界里，在资本家的手中，能够到哪里去呢？"他就放了手，我接着说："我们七厂工人，为了工作时间争吵过，现在已经调解好了，每天算5小时。夜班工人到了时间是要去上工的，假如不去是要被开除的。今天我们的同胞被日本人打死了多少？你是中国人也应该有些良心。"工人这时也陆续散开了，我要大家跟我走，摆了渡，去找刘华作了汇报，我讲了一些，其他同志又补充了。刘华说："工友们今天你们还没有吃饭，现在已经7点钟了。你们今天先回去，我向上面请示后，明天早上再给你们回音。"有的工人不走，有的工人说："这个事情不解决，我们工人的生命是没有保障了。"刘华说："这事一定要解决的，我们领导工人就是要给工人解决问题，明天早上 8 点钟来听我回音。"工人就回去了，我没有走。晚上 9 点钟时，李立三坐了黄包车来了，我们三个人（李立三、刘华和我）一起商洽了一下，明天给工人的答复是这样的："一方面我们要好好地筹备一下，通过一下；另方面要准备游行，使社会人士了解这个情况。"

姜沛南：谈谈关于刘华的事情。

王瑞安：他是南方大学的学生 [1]，校长是江亢虎。刘华的为人是不辞劳苦，对人非常和蔼。在"五卅"时，他的工作非常紧张，四周围着人，有人要他写介绍信，有人向他汇报工作，有人向他请示问题等等，整天没有休息的。有时在下雪时，没有人时，他就和我们在阁楼上谈关于苏联十月革命的艰苦斗争。在高兴时他还吟吟诗。他对工作的分析、认识是很深刻，无论哪件工作，应该怎样做他都明确地指示给我们。如有一天八厂里（现在的国棉三厂）发生了罢工，原因是因为厂方规定工

---

[1] 刘华为南方大学学生有误，其在 1923 年 8 月进入上海大学附中部半工半读，而非进入南方大学求学。

人做满8个亨司每天5角，做不满8个亨司照扣。工人提出做不满8个亨司的是5角，超过的照加，资方不答应，工人就罢工。刘华派我和江龙贵两个人去交涉，带了工会里的介绍信，刘华告诉我们，这次去主要达到两个目的，主要的问题是要能够达到工人的要求，另外应当在胜利的基础上向车间里的工人进行鼓动。我们就根据这两个原则去做，走进外国人的写字间，里面有台子，但是没有凳子，我们是工会派去的代表，难道就站着和他们讲话吗？我和江龙贵就往台子上一坐。日本人一进来，看到我们坐在台上，连忙招呼拿两只凳子来给我们坐。我们把刘华写给我们的介绍信交给了他，他说："你们是工会来的，很好很好。你们是来请求还是要求？"他的中国话很好，不过旁边还是有翻译的。我说："我们来是你们厂里要求我们来的，我们工会是代表工人来讲话的，没有什么造求的必要。"他说："工人做8个亨司是5角钱，做不到工人也要5角钱，这样的罢工是没有理由的。"我说："做8个亨司以下付5角钱是你们自己定的，超过的当然应当照加，否则就成为无理剥削。人家做得多了，为什么还给5角钱呢？没有达到8亨司的照扣，这话怎么讲，每个人的手指头也有长短，你的手也有大指头小指头，工人做得快些慢些总是有的。如果你同意，我们就要工人开工。"他说："让我们考虑考虑。"于是几个日本人挤在一起叽里咕噜的说很多鬼话，隔了一会，他说我们的要求他们答应，要工人就开车。但是他又不给我们进车间，我就到钢丝车间窗口对里面的工人说："同胞们，我们是工会派来的代表，今天和资本家谈了2条条件，第一达不到定额的还是拿5角钱，第二超过的照加。大家同意吗？同意就开车。希望大家今后要好好的团结，团结就是力量。刘华告诉我们一只筷是折得断的，一把筷就折不断了，大家要记住这句话。"一下子，车子全开了。接着我到其他车间里，也要大家开车，不多一会，全厂都开工了，外国人是敢怒而不敢言。从这件事可以证明刘华的办事能力很强，在工人中的印象也很深。

以上来源：34.王瑞安　谈话记录

采访时间：1957年3月4日

采访者：徐同甫、郑庆声、姜沛南、冯伯乐、顾仲奔、邱枫、费礼文、黎家健

江元青：我们活动的力量是在上海大学、大夏大学等。同时在工厂里也找了一些积极分子，我们的活动还是在租界上比较多。我去的时候还没有罢工。开始时也没有什么人负责，后来是由刘华具体负责活动，项英也

在里面，项英好像是市委[1]派下来的样子。其他还有邓中夏、杨之华等是来来去去，不是固定的。厂里没有力量下命令要大家罢工，不过工人的情绪很高涨，只要有人去领导，就会罢工下来。我们罢工是采取很原始的形式，有些男工拿了棒，把粗纱间、细纱间里的纱打断，把玻璃窗也打碎，嘴里喊："摇班了"（摇班就是罢工的意思），工人就从各个车间里一哄而出。等工人们出来后，我们就要他们到浜北去开会，因为在租界上不能开会。不过有部分的头脑（指工头）和一些工人，有些是不去开会，回家去了。一些受到我们影响的工人，就到潭子湾去开会，去的人数很多。但是我们都是没有经验的，我那时只有 19 岁，刘华比我大几岁，不过也并不太大，一些大学生也是年纪很轻的，大家都没有看到过这样大的场面，看到这么多群众有点怕的。李立三是有经验的，他要我们组织纠察队，维持罢工秩序。自己则拿了一只凳子，在工人中间一站，说："我们工人大家都要抱义气，大家要提出条件，不许厂方打人、骂人，不许开除工人、要加工钱。我们还要组织纠察队，谁有种

[1] 沪西工友俱乐部成立于 1924 年 8 月，此时上海的地区组织为中共上海地执委，参见中共中央组织部、中共中央党史研究室、中央档案馆编：《中国共产党组织史资料》第一卷"党的创建和大革命时期（1921.7—1927.7）"，中共党史出版社 2000 年版，第 254 页。

（意思是有勇气）的谁肯抱义气的就跑到我这里来。"真的有不少人跑过来说愿意当纠察队，这样，纠察队就组织起来了，这是维持罢工秩序的有力的武器。大多数工人都住在浜北，只有几个渡口，我们派人守在那里进行宣传，工人不要听也一定要他们听，要大家不要上工，要大家齐心起来。一面要大家去开会，连拿摩温也要他们来开会，哪个部门里没有人来，我们就派人去找。刘华就一天到晚地同大家开小会，讲话讲得连喉咙也哑了，后来是吐血了。我负责搞纠察队工作。一些大学生在写东西，搞油印，他们大多数是四川人，不会讲上海话，所以大多数在搞文字工作。刘华也是四川人。

以上来源：44. 江元青　谈话记录

采访时间：1957 年 7 月 18 日

采访者：史料委员会全体成员

姜维新：东五厂发动罢工后，来公开领导这次罢工的是刘华，还有李立三、中夏是在内指导工作。罢工中我们夜里不脱衣裳的钻在稻草堆里，多人身上都生上了虱，等到谈判签字后，大家蹲在门口晒太阳时，捉起虱子来，刘华还同我们比身上的虱子谁多呢。

槟榔路的房子里是平房，外形是三角形的房子，里面可以容纳一万人左右，罢工委员会是在那地方开的，到有一百多人。

夏　明：那次会中夏同志到了没有？

姜维新：中夏同志大概在内，我记得刘华、立三去的，还有上大学生，项英也去的。会上作出决定：要在五厂先发动，因为这个厂一直是打先锋的。这是"二月罢工"，我一直记作一月。

夏　明：立三、中夏、刘华，他们怎样分工你知道吗？

姜维新：当初不知道，后来参加党后，知道刘华是公开搞的，开大会作报告是立三，党组织工作由中夏。总工会公开成立是在五卅时，"二月罢工"结束后，虽在筹备组织，但没一定的地点。

以上来源：46. 老工人　姜维新　谈话记录（主要是有关邓中夏烈士之资料）

采访时间：1957 年 8 月 26 日

采访者：夏明、曹子戈、王天筠（记录）

采访地点：东湖路 70 号 304 室

整理时间：2021 年 8 月 30 日

李阿三：打死顾正红是白毛大板和走狗马定辉，是日本人保镖。顾正红被打死时，也打伤了很多工人。罢工时，工人在厂里活动，我们三个人关了厂门，不让走狗混进来破坏。关于钟秀文受伤的事情是这样的，在斗争时，他们就用自来水冲，还开枪打我们，一颗子弹打来，刚巧射中钟秀文，钟受了伤。

这次罢工领导是刘华同志。那时，送通知、送传单是很危险的，有一次暗探开枪，有的人鞋子掉了，也不敢再去穿，赤着脚跑了。罢工的结果，日本人承认不打骂工人，不开除工人，增加工资等的几项条件，于是工人就复工了。

徐同甫：顾正红事件你记得吗？

李阿三：顾的父母在乡下，他在上海只有一个人。他有文化，替工人写写东西，他分配我们贴标语、散传单等工作。传单、标语是向刘华处去领的。我是推纱，生锭带上工作，看十五台车子，那时我们经常碰头的。

以上来源：106.访李阿三同志　谈话记录
采访时间：1958 年 6 月 3 日
采访者：徐同甫、余卫平（记录）
采访地点：李阿三同志家里
整理时间：2021 年 11 月 19 日

③ 组织工会

郑庆声：想请你谈谈参加工会活动的一些经过情况。

徐洪生：在三次暴动时我已经离开商务。工会是如何开始的？最早时有一个上海印刷工人联合会，领导人是徐梅坤、郑覆他。路线是从中华书局来的，他们比较早些，是刘华领导的。

以上来源：31. 徐洪生　谈话记录

采访时间：1957 年 4 月 25 日

访问人：郑庆声、倪慧英（记录）

整理时间：2021 年 8 月 13 日

④ 发展党员、团员

王宝奎：1924 年下半年，项英、刘华经常到我家来找我谈谈，1925 年我入了党，由项英、刘华、李立三介绍入党的。宣誓时他们都来参加的。1925 年 5 月 15 日顾正红被日本人打死，原因是工人罢工要加工资。顾正红死后，几个厂就把尸体弄到闸北，罢工罢了五个多月，到孙中山死后才复工 [1]。在这五个月中，我在闸北潭子湾大丰纱厂附近一间草屋里和刘华、李立三常在一起，日

---

[1] 此处为受访者记忆有误。

里工作，夜里去发传单。那时出去活动是化装的，若被捕时，就要掉枪花说是别人要我发的，给我二角钱。那时我在大丰纱厂一带任纠察队副队长。张宗昌到上海后，抓去了刘华，人心不齐就复工了。大约在 10 月底，11 月初开工的。复工后，我做了三夜天，走狗报告说我是共产党和罢工头子，东洋人就叫我到写字间谈话，结果被普陀区巡捕房（日本人造的房子送给捕房的）抓去。他们要我招认，否则就要吃官司。我死活不供，他们说我在大丰纱厂发钱，是共产党、罢工头子，我不承认，结果也找不出证据，关了二星期就被释放了。

郑庆声：做小工时，小工头压迫情况怎样？

王宝奎：那时我们工人在平时挨打挨骂是家常便饭，每天要做十二小时工，早上 6 时到下午 6 时。刚做工时不知反抗，只知道老板给，我做工。后来碰到了项英、刘华才知道剥削和压迫。

以上来源：101. 王宝奎　谈话记录
采访时间：1958 年 6 月 11 日
访问人：郑庆声、余卫平（记录）
整理时间：2021 年 11 月 16 日

刘桂宝：我是在 1924 年由刘华介绍，加入了共产主义青年团[1]，李立三和杨之华也常常到我家里来的。

以上来源：51. 老工人　刘桂宝　谈话记录（主要是有关邓中夏烈士之资料）

采访时间：1957 年 7 月 27 日

采访者：夏明、曹子戈、倪慧英（记录）

采访地点：东湖路 70 号 304 室

整理时间：2021 年 8 月 30 日

4. 群众记忆中的刘华

赵　自：刘华同志你熟悉不？

吴善明：噢，他在第四办事处，现在安达后面。刘华是第四办事处主任，他是四川人吧。打死顾正红，我们工人是大团结的，但工人脑筋有时会不大灵巧的，那时我在浜北天天同刘华一道，眠[2]稻草上，早上四点多钟刘华就在厂门口，站在凳子上同工人们讲话了，宣传工人要团结，那时各厂里团结起来了。

顾正红是东洋人川村开枪打死的。顾正红一死，弄

---

[1] 当时叫社会主义青年团，1925 年 1 月改名为共产主义青年团。

[2] 此处上海方言意思为"睡"。

得全世界都知道；上海追悼会，学生在街上演讲宣传，印度人就用马来冲，结果在大马路上发生五卅惨案。

工人学生在全中国募款支持上海这场罢工，三个多月有许多爱国的捐款时多捐些，有捐一元两元的，也有三元的。那时上海有七八十万工人……有八十万工人，三月罢工，结果胜利：涨工钱、赔偿损失，无故不得开除工人……当时在上海的是李宝章[1]，办事处主任刘华被捕进去。

赵　自：你跟刘华在一起很久吗？

吴善明：眍在一起；我望风，他就站在凳子上同大家讲话。刘华到了那边，同走狗说："请我来有什么事？"他们说："请你来不是白到的，就是想要你以后不要再做宣传活动。"刘说："我宣传为群众，是反对帝国主义压迫，你们都是为了什么？你们为帝国主义、资本家压迫工人，名誉是不大好的，你们把我刘华弄得随便怎样，就是死我总是为工人牺牲的，而你们弄得万古臭名！"

赵　自：走狗是怎样讲的？

吴善明：当时刘华问他们，"还有什么讲的？"走狗

---

[1] 李宝章出任上海防守司令的时间为 1926 年 11 月 14 日，与刘华被捕并无关系。此处为受访者记忆内容错误。

就是说要刘华以后少活动。

赵　自：你们去了多少人？

吴善明：我们去了十几人，都去四根枪。

赵　自：为什么你们全在楼下？

吴善明：我们也到楼上去的，底下也有我们的人。刘华后来被"偷"去，我们是不晓得的。后来上头又派汪寿华去接刘华第四办事处主任的职务。

赵　自：怎样死你知道吗？

吴善明：不晓得。

赵　自：跟刘华睡在一起的还有些什么人？

吴善明：多得很，像韩大胡子（谐音），他早死了，被杨虎绞死的，还有谈天新（谐音）、胡小华子（谐音）也跟刘华在一起。

赵　自：怎样被抓去人呢？

吴善明：狗腿子叫戴殿成被打死一礼拜后，杨福林叫我去，他请我们在春华楼（是教门饭）吃饭，他向我们说明"做"去戴殿成的事情，他说戴不是他本人打死的，因为戴是他的同乡，又是朋友，自己动手不大好，是由他派人去打死的。我们去吃饭很担心，恐怕露出风声，碰到危险，他一人却带了三支手枪去，给我们壮胆地说，不要紧的，胆子放大些，有我在呢！解放后我在总工会还见过杨福林两回的。

赵　自：刘华靠什么吃？就是说谁管他吃的呢？多少年纪？

吴善明：年纪不大，那时也就三二十岁，同我们一样。

赵　自：他读书你知道吗？他读大学你知道吗？

吴善明：他读的不是大学，我听人瞎讲讲起，他本来在军队里，有连长职务的。

以上来源：11. 吴善明　谈话记录

采访时间：1957 年 2 月 19 日　下午

访问人：郑庆声、徐同甫、赵自、顾仲彝、芦芒、邱枫、哈宽贵、唐铁海、王天筠（记录）

整理时间：2021 年 7 月 27 日

赵　自：刘华生病你知道吗？

刘贵宝：不大知道，他的胡子很长，头发又不大剃，所以一直像生病的样子。他讲的话我们不大懂，但叫我们到哪里去是知道的。那时我是住在潭子湾草棚里，那里有一百多个纠察队住在里面，我们厂里有好几个人，我姊姊也去的，她是作宣传工作的，因为她识字。

赵　自：关于刘华的事情你能讲些吗？

刘华：刘华很刻苦耐劳，他本来在家里读读书很好，但为了大家，为了工作，所以他出来工作。

以上来源：13. 刘贵宝　谈话记录

采访时间：1957 年 2 月 28 日

访问人：徐同甫、郑庆声、赵自、唐铁海、王若望（邱枫）、倪慧英（记录）

整理时间：2021 年 7 月 27 日

郑庆声：刘华知道些？

何　寅：起头我是同他在一起。

郑庆声：对于他有啥故事吗？

何　寅：刘华……对同志也很耐心。……其他也想不起。

以上来源：18. 何寅　谈话记录

采访时间：1957 年 3 月 13 日　下午

访问人：郑庆声、王天筠（记录）

整理时间：2021 年 7 月 28 日

王瑞安：刘华日夜不停的工作，到 1925 年 8、9 月时，身体不行了。工人的每件事都要他来解决，因为我们都没有经验，没有了他就没有了方向。他的胡子头发都很长，20几岁的人看上去很老。后来工人们凑了钱买了一套衣服给他换，李剑如替他洗脏衣服时，刷子一刷，蚤子就像芝麻一样。刘华换了衣服对我们说："同志们，你们这样爱护我，我非常感激。"后来组织上就要他到海格路去休养，和刘少奇在一起，那时同兴里有个拿摩温大老七（叫王荣生）比较进步，派到江西去学习了，有一天，刘华拿钱去接济他的家属，被新裕一厂的肖丁成放笼，当刘华在一路车站上乘车时，被抓到静安寺巡捕房去。我们本来预备派10个人手提枪去劫车的，后来被解到了严春阳司令部去，在晚上被枪毙了。那里的老百姓，在那天晚上11点钟刘华在就义时听到他叫："我叫王小三子，他们不讲道理。"还听到叫"共产党万岁！"那里的老百姓知道是工人的头脑被枪毙了。

刘华在时，上海的各种工潮差不多都要经过他的手来处理的。他是1925年9月离开第四办事处，到11月被捕。刘华被捕情况是李瑞青告诉我的。他死的情况是一个巡捕告诉我的。这个巡捕是南京人，原来和我认识的，后来他到四马路巡捕房去当巡捕，是他告诉我刘华是怎么死的。这个人后来给强盗打死了。

徐同甫： "五卅"时我们发了传单，帝国主义有没有发什么像传单一类的东西？

王瑞安： 没有，只有在红锡包的广告牌上写"慎言"

两个字，别的没有看到过。工团联合会倒发过传单的。

郑庆声："五卅"时纠察队发了补贴没有？

王瑞安：工会刚成立时，我们干部每人发两只馒头，后来是发 12 个铜板，到"五卅"时由 16 个铜板增加到 32 个铜板一天。工人是十天发 2 块钱。

徐同甫：怎么发的？

王瑞安：那时每个工人有一本簿子的，我们把名字记下来，打了图章，把这条子交给工人，把簿子扣下来。各个厂都分开来的，把名字登记好了，那个厂有多少工人，就照人数算了发钱。钱是第四办事处去向上海总工会领来的。

郑庆声：刘华走后，谁负责？

王瑞安：张维桢，现在沈阳。刘华是沪西区的区委书记[1]，是不是副委员长不知道。

徐同甫：刘华病时，工人给他吃狗肉等有吗？

王瑞安：这都是工人的一种热情，工人对刘华的印象很好，大家都很关心他的健康。刘华真是太忙了，一

---

[1] 1925 年 1—8 月，中共沪西支部书记为孙良惠，1925 年 8 月，沪西支部拆分为"小沙渡支联会—小沙渡部委"（1925.8—1927.3），书记为郭景仁；"曹家渡支联会—曹家渡部委"（1925.8—1927.3），书记为蔡支华、陈竹山。参见中共中央组织部、中共中央党史研究室、中央档案馆编：《中国共产党组织史资料》第一卷"党的创建和大革命时期（1921.7—1927.7）"，中共党史出版社 2000 年版，第 279、281 页。

清早，工人就来了，一天到晚，工人川流不息，比走马灯还要转得快，沪西有 30 多家大厂，都是有几千人的厂，他一天忙到晚，连吃饭的时间也没有，人家替他买了大饼油条去给他吃，他也没有时间，常常吃冷的，有时就不吃，他这样的不辞劳苦，工人对他的感情很深，如吃狗肉，人家说是补的，工人就弄来给他吃。另外有时工人还凑了钱给他买鸡吃，每人 3 角 5 角的拼起来，买一只鸡送到他。他说："你们的钱是不容易得来的，大家的痛苦我都知道，你们这样做，是会增加我的病，是不是你们带回去，对大家说一说。我病好了还是要来工作的。"大家哪里肯把东西带回去，都坚决的要他吃得好些。

那时日本人管得很紧，谁罢工，他就拿了照片对，如果给他对到这个工人在那个厂里罢过工，那他们会马上把你开除。我进同兴时，大概是知道我参加过罢工的，他们给了我 20 块钱，对我说："你做得很好，现在厂里没有位子，有空缺时就请你来。"就这样被开除了。

郑庆声：你什么时候到同兴里去的？

王瑞安：1923 年时，1924 年在俱乐部里是组织干事，工会是 1925 年成立的。

徐同甫：刘华到厂里去的吗？

王瑞安：他不去的。

徐同甫：刘华很活动，那为什么不去抓他？

王瑞安：中国地界的暗探等都不敢动，因为我们人多，我们还有铁棍子。"五卅"时，有几千部车子的小菜等都给我们拦到总工会来了。在1934年成立了纱厂工会后，俱乐部没有了，成了总工会的第四办事处。

徐同甫：总工会被封以后，办事处怎样？

王瑞安：办事处没有封，我们隐蔽了，在朱家湾那里的本地房子里，有些人知道的就来了，人数不多，不晓得的就不来了。在潭子湾时每天是有上千上万的工人来，警察厅也有人来的，只是少数的，他们是上级派来的，探些消息过去。我们也布置好，如果人多了要对付他们的，我们没有手枪，只有铁棍。

赵　自：刘华出席过大会吗？

王瑞安：顾正红追悼大会是他主持的，有十万人参加，是在一块荒场上开的，刘华站在坟上讲话。

以上来源：34. 王瑞安　谈话记录

采访时间：1957年3月4日

采访者：徐同甫、郑庆声、姜沛南、冯伯乐、顾仲奔、邱枫、费礼文、黎家健

陈家龙：我入党后，刘华给了我一张党证，上面有一把斧头和镰刀，叫我不要遗失了。我就把这张党证放在壁上，外面用糊墙纸糊起来。到搬家时又拿下来，用落板去钉在箱子底下。后来去缝在一件棉袄的夹层里，这件衣服带到江西去，后来也找不到了，就把党证遗失了。当时只有十几个人拿到党证的，要挑有胆量、有魄力、有做事能力的人才给。我当时年纪轻，身体好，人家打不过的人，我上去打。

现在想想刘华讲的话很对，记得有一次在一间楼房中开会时，他说："这些楼房到后来都是我们工人住的，洋房也是工人住的，工人将来都要做主人的。"这些话很对，是给他讲到了。以前工人住一间草房，吃也在那里，住也在那里，挤得很。现在的工人福气可好了，可以住曹杨新村。

大革命时，刘华的功劳最大了，沪西都是归他管的，沪东是李立三负责的。李立三有时也到我们这里来，不过来了几分钟就走了。刘华是整天整夜的在沪西工作，开小组会时也来讲话，告诉工人应该怎样组织起来，如何进行斗争等。

王诗德： 小组会里谈些什么？

陈家龙： 讲讲帝国主义对中国的压迫，资本家对工人的压迫。我们工人帮他们赚钱，要做一辈子的牛马，把我们不当人，当做畜生。我们的口号要打倒帝国主义、打倒资本家、打倒不平等条约，收回领事裁判权，收回租界等等，要争取自由平等。

王诗德： 刘华的情况知道吗？

陈家龙： 记不大清楚了。刘华在开会时非常会讲话，告诉我们什么东西都是工人做出来的，要大家不要怕，胆子要放大些等等。

以上来源：70.陈家龙　谈话记录
采访时间：1958年4月17日
访问人：王诗德、倪慧英（记录）
整理时间：2021年9月30日

丁同甫： 大罢工时，学生是起了很大的作用，写传单、贴标语都是他们搞的。刘华我看见过，他开大会时称工人为"同胞们"，他提出口号要打倒帝国主义、打倒资本家，抵制日货等。日本货生意不好了，他们就把工人开除。五卅时有募捐队、宣传队、传单队，在没有大罢工时，已经时常有传单发出来了。我也发过传单，都是绑在两条腿上，把传单带进工厂，躲在厕所里解下来后发的。这些传单都是在租界上印的，我们厂里的传单是沪西领导上分配下来的。

以上来源：87.丁同甫、谈学海　谈话记录

采访时间：1958 年 5 月 13 日

访问人：王诗德、倪慧英（记录）

整理时间：2021 年 11 月 1 日

5. 刘华的照片

赵　自：关于刘华的事再谈谈好吗？

朱英如：刘华死，是资本家用钱买到秘密枪毙的。那时我们拿刘华的照片来结拜的，拿着他的照片大家点香。我把一些人叫到我家来说大家要义气，这样大家会不受压迫，大家叩起头来。刘华是沪西的人。我刚刚拿到他的照片，才认得他的。

赵　自：用这些照片结拜是不是包含着有向他学习的意思？

朱英如：是的。

赵　自：是不是穿长衫瘦瘦的一个？

朱英如：噢，是半身照片，大小有……（说时用手比划大小，大概是二寸照片。一道做的机匠讲给我很多有关他的故事。）

赵　自：是同他亲兄弟？

朱英如：不是。

赵　自：那你谈谈有关他的故事吧！

朱英如：像去捉刘华的时候，去捉的人问到刘华还问刘华的人在哪里，因为刘华睏的地方不是写写意意的地方，而是蹩脚的地方，刘华从那地方出来，去捉的人当然防不到。刘华说刚过去，他又钻进睏的地方从后面逃出了。

以上来源：3. 朱英如　谈话记录

采访时间：1957 年 2 月 22 日

采访地点：国棉十七厂宿舍

采访者：郑庆声、赵自、哈宽贵、唐铁海、王天筠（记录）

整理时间：2022 年 1 月 18 日

朱英如：刘华牺牲后，大约在 1925 或是 1926 年初，上总把他的照片发给我么，我们再分发给小姊妹纪念他。同时发动大家参加济难会，每人拿出一个铜板来。

邱枫：刘华的事知道吗？

朱英如：刘华被捕后，到孙传芳到上海时，工人都去请愿要求释放刘华。听说后来资本家和帝国主义勾结了起来，请孙传芳吃了一顿酒，当夜就枪毙了刘华。

刘华死后，我们用他的照片发给小姊妹，要大家加入济难会，女工们组织得很好。但男工还没有组织，特别是机匠。有一个安徽人，他是机匠，平时对我们女工很不好，有一次，他在上班时睡觉，给日本人看见了，要开除他。他说是在生病，日本人就来问我，我说这个人的确在生病，平常是很好的。日本人就没有把他拖出去，他们走后，他对我说：我真不知道你原来是这样好的人。以后慢慢就熟了。有一次我们在发刘华的照片时给他看见了，我倒有些担心，谁知他一看照片就哭起来了，说：这是我们的大哥。原来在沪西时他认识刘华。我就把这件事和区委联系，决定请他去组织机匠，后来就有了弟兄团的组织。

以上来源：9. 孙诗圃、朱英如、郑明德、梁闰放谈话记录

采访时间：1957 年 3 月 14 日

采访者：徐同甫、倪慧英（记录）

整理时间：2021 年 7 月 21 日

杨龙英：也在十一号（指 1927 年 4 月 11 日）的晚上，杜月笙把上海总工会的会长汪寿华骗了去（五卅时，上总委员长是刘华，被反动派捉了去，在半夜里拖出去杀掉的，没有人看见，只听见刘华自己在叫："我是共产党员刘华，今天晚上敌人要解决我的性命了。革命的

同志们，大家要在我后面站起来！"[1] 后来尸首也没有找到，我们就开了追悼会，印了刘华的照片在工人中发。刘华以后，就是汪寿华做会长了），听说是用绳子绞死以后，装在麻袋里，丢在黄浦江中去了，这是杜月笙家里的佣人后来讲出来的。

以上来源：83. 杨龙英　谈话记录（一）
采访时间：1958 年 4 月 11 日
采访者：经济研究所三同志、姜沛南、倪慧英（记录）
整理时间：2021 年 10 月 25 日

整理汇总者：上海师范大学人文学院　专门史专业博士研究生

---

[1] 此处杨龙英的记忆与第304页王瑞安的记忆略有不同。

上海工运动态
（上海公共租界工部局警务
日报摘译）1923年

冯伯乐等翻译，陆琰录入，蒋宝麟补译、校注

工运情况

（1923年1月6日）追悼1922年初被湖南督军赵恒惕杀害两工人首领庞人铨、黄爱的筹备会将于1月8日下午2时在中华海员工会上海支部召开，预料本埠各工会将派代表出席。

（1923年1月9日）1月8日下午3时，12个劳工团体代表15人在百老汇路163号中华海员工会上海支部会所开会，会议由该会会长陈炳生主持，讨论湖南水口山铝矿罢工事件和追悼庞人铨、黄爱二烈士计划，决议如下：

1. 去电湖南省长，要求惩办枪吓罢工工人的水口山铅矿主任秘书丰洪生（Phen Hun-sung，音译）

2. 追悼庞黄筹备会设东百老汇路辅庆里（Foo Ching Lee）560 号湖南劳工会（Hunan Labour Union）[1] 驻沪办事处内。

旋推选委员 7 人执行上述决议，并当场筹得 36 元备用。

（1923 年 1 月 10 日）1 月 9 日下午 2 时，本埠各工会代表在东百老汇路辅庆里 560 号湖南劳工会会所集会，讨论对 17 日举行的庞黄追悼大会的筹备办法。会议决定筹款 500 元，备大会开支和印行两烈士传略小册应用。到会十人中有中华海员工会上海支部会长陈炳生、中华电气工界联合会（Engineers society of China）梁鹏万（Liang Bang-van）、成衣工会（Chinese Tailors' Union）陈国樑、安徽驻沪劳工总会（Shanghai-Anhui Labour Union）王亚樵（Wang Yah-tsieu）和湖南劳工会王光飞（Waong Kwang-fei）、谌小岑（Sung Siao-jung）等。

（1923 年 1 月 16 日）本埠各劳工团体刻正筹备于 1 月 17 日在法华民国路浸礼堂（Baptist Church）举行庞人铨、黄爱死难追悼大会。到会须凭入场券，已向本埠各

---

[1] 原译"湖南劳工总会"，下文同改。

劳工和其他团体发出 1 000 张。

（1923 年 1 月 19 日）数日前公共租界各劳工团体收到印来的刊物《工人和朋友周刊》（Workers and Friend's Weekly），内容系劝说民众：联合起来，打倒军国主义和外国资本主义。相信系西门内肇浜路（Zau Pang Road）兰发里（Lan Fah Lee）3 号《向导周报》编辑部所印。

（1923 年 1 月 26 日）1 月 25 日，巡捕房在搜查东熙华路 2708 号房屋时，发现一房内住有铜山人梁邦万（Liang Bang-van，音译）和湖南人韩炳谦（Han Bing-thien，音译），他们正从事组织上海机器工会（The Shanghai Mechanical Workers' Union），同时系津浦路工人俱乐部代理人。搜查房间结果并无罪证发现，所搜获与他们活动有关的书籍文件，已发回巡捕房审阅。

（1923 年 2 月 17 日）上海机器工会、中华海员工会上海支部和中华电气工界联合会联名发出谴责汉口当局枪击铁路罢工工人的宣言。

（1923 年 2 月 20 日）据报安徽驻沪劳工总会委员、装订工人王吉人和曾任县长的王亚樵，刻正努力组织本埠各工会对华北华中铁路罢工工人的援助。该会及其两委员对国民党均极表同情。

（1923 年 2 月 21 日）贝勒路 375 号全国工团工人自

救会（National Labourers' Salvation Society）[1]系对华中华北要求改善待遇的铁路工人组织援助的机构，已向本埠各劳工团体发出呼吁援助通函。

（1923年2月22日）据报前与李启汉同事的李震瀛（Li Tsung-ying）和福州路124号泰东书局主人赵南公为抗议军阀残杀京汉路无辜工人，正向本埠各劳工团体运动宣布总罢工。闻说各工会对李等所主张行动，准备予以援助，但目前因缺乏现款，不愿采取行动。如有款项支持罢工工人，罢工恐即爆发。

本埠各劳工团体将于2月23日召开联合会议，讨论应否以宣布总罢工作，为阻止军阀破坏工运的方法问题。开会地点尚未宣布。

（1923年2月23日）2月16日《工友旬刊》刊载一篇关于军阀虐待工人——特别是京汉铁路事件的论文，似系劳动组合书记部向全国工人发出的。论文对上海护军使何丰林封闭闸北丝厂女工和浦东纱厂工会加以谴责，最后吁请工人联合起来，推翻军国主义。《工友旬刊》仍在西门内肇浜路兰发里8号出版。

论文翻译如下：

"中国劳动组合书记部"向全国工人进一言：

---

[1] 原译"全国工人救济协会"，下文同改。

杨明德残杀唐山工人的血迹还没有干，曹锟、吴佩孚的军队又同样地在压迫京汉铁路的工人了。曹吴军队在长辛店、信阳、郑州、江岸（Kiang Nyeu）等地方屠杀我们工友，死伤很多，这是我们亲眼目睹的。林祥谦的头颅此刻还在江岸陈列着。那里血腥遍地，哭声震天。最可惨痛的就是杀死很多人的子弹是工人弟兄们亲手制成的。这些原打算用来抵抗侵略我们的外国军队，现在军阀却用来残杀我们了，这是多么遗憾的事呵！工人朋友们定必知道军阀们过去屡次虐待工人的事件，下面让我们举几个例子吧：

1. 最近皖直、奉直等军阀内战中许多农民工人被迫参加作战，因伤死亡的。

2. 工人代表黄爱、庞人铨被湖南督军赵恒惕处死。

3. 粤汉铁路数工人被湖北萧耀南军队殴伤。

4. 开滦煤矿工人约30人被曹锟的走狗、天津警察厅厅长杨以德的保安队杀害和击伤。唐山工会矿工工会和其他工会均遭杨氏封闭。

5. 津浦铁路工人俱乐部遭该路南段张局长镇压。

6. 洛阳工人俱乐部书记俞殿扬（Yue Tien-yang，音译）遭陇海铁路当局所指使的第三师下级军官的驱逐和随后的暗杀。

7. 上海护军使何丰林授意地方警察压制闸北丝厂和

浦东纺织工会，又徇公共租界的外国领事们之请，无理由地把对印务罢工有帮助的李启汉监禁起来，直到现在还未释放。

这些事件要十日十夜才说得完全。最近京汉铁路的大屠杀说来更凄惨了。这样残酷的、痛苦的压迫，我们为什么要容忍呢？原因是军阀们掌握了军队、警察、兵工厂、监狱等政权在手上，所以为所欲为了，我们工人除了干活的两手两腿外，别的没有什么了，所以在受着虐待和压迫。军阀们有了政权在手，也极度地虐待民众，结果以前默不作声的商人和学生们现在眼看着军阀们勒索民众、举借外债、购置军火、豢养匪军、屠杀穷民和叛逆亡国等罪行，不能再事容忍了。商人们、学生们正在干预政治，主张遣散军队，不久就要起来推翻军国主义。我们工人比商人学生受苦得多，应该不分地区、职业地联合成强有力的团体，和农民、商人、学生们合作，来推翻军国主义和建立真正的共和国。

亲爱的工人们呵！如果我们不问政治和在政治上获得适当地位，我们和我们工会将无法避免军阀们的残酷待遇了。全国的工人们联合起来吧！如果要保存我们的工会和改善我们的生活，我们必须联合起来，去参加政治和把军国主义推翻。

（1923年2月22日）2月21日下午1时，湖北善后公会会员14人在贝勒路同益里（Dong Yih Lee）5号会所开会，会议由该省人梁祥源（Liang Ziang-yuen，音译）主持，讨论会员施洋律师被湖北督军萧耀南处死事件，会议最后决定发出通电，谴责萧氏，并要求其辞职。

（1923年2月24日）2月22日下午5时半，沪宁铁路机匠约20人在闸北新民路4—5号沪宁铁路机务同人进德会（Shanghai Nanking Railway Mechanics' Union）[1]会所开会，由常州车站机车部工头吴耀万（Wu Yao-van）主持。吴氏对关于京汉铁路事件的谣言略加叙述，并劝听众勿予置信。

（1923年2月24日）据未证实报告，全国工团工人自救会于2月22日傍晚假福德里（Fuh Tuh Road）66号天潼路商界联合会会所开成立大会，据传到有华北华中铁路工人代表陈天（Zung Thien）和各工会代表10余人。会上通过新机构章程后，决定于短期内召开第二次会议，讨论补救死难工友和保障工人继续组织工作不受军阀干涉的办法。相信全国工团工人自救会的章程系该会在熙华德路2708号甲上海机器工会会所内附设的办事

---

[1] 原译"沪宁路机匠工会"，下文同改。

处所印。

据说陈氏有大宗关于罢工和激进性的宣传品藏在南洋兄弟烟草公司厂内。

下面系在兆丰路17号南洋烟草职工同志会会所发现传单的译文：

"吴佩孚、萧耀南两军阀对付劳工组织的镇压手段显示了军阀们志在剥夺人民的自由，京汉铁路工人的被杀害只系其他各地同样屠杀的先驱。所以这事件不仅关涉某地劳工或工人，而是关涉到全国各地各界人民。

现在我们的团体不可能在湖北、河南、河北各省公开活动了。为了实现我们为死难同志报仇，为生者保卫自由和推翻军阀的计划，我们需要在安全地方继续活动。因此决定在上海设立办事处，其任务如下：

1. 揭露屠杀公认真相。

2. 和各界人民合作，向军阀作斗争。

各界各业同胞们啊！

各地工人弟兄们啊！

不稳情况已达到严重阶段，人民已疲惫不支，只有军阀死亡，情势始能恢复安定。希望大家正义地行动起来，为自己、为同胞、为工人谋幸福。

京汉铁路工会湖北工团联合会上海办事处。"

（1923年2月26日）中华海员工会上海支部于2月25日登报否认参加煽动总罢工，并声明对那运动将不予支持。惟对于努力筹款救济京汉铁路受军阀迫害的工人一节，则予承认。

（1923年2月27日）2月26日，华界当局查封肇浜路（Zau-pang Road）兰发里（Lan Fah Lee）8号《向导周报》和《工友旬刊》的编辑部，在那里扣留了以前发行的报刊，拘捕一名叫安白苏（Eu Pah-su，音译）的绍兴人。

据报，全国工团工人自救会约有10名会员于2月26日下午1时，在老北门内萨珠弄（Sah Tsz Loong）北城商界联合会（Street Union for the Northern part of the Chinese City）会所内举行秘密会议，由陆秋新（Loh Chiu-sing，音译）主席，达成决议如下：

1. 派遣代表向各团体劝导开始总罢工。

2. 请中华海员工会上海分会参加行动。

会议于下午3时半结束。

（1923年3月5日）中华海员工会上海支部计划于今天下午2时举行一年前香港海员罢工死难者谭仕标（Tan Shih-piau）、张思爰（Chang Sz-noen）、刘茂（Liu Meu）、张祥（Tsang Ziang）等的追悼大会。

（1923年3月6日）1922年3月5日，香港海员罢工牺牲者谭仕标等追悼大会在中华海员工会上海支部举行，到者有成衣工会（喇格纳路[1]128号）、中华劳动联合会（北四川路宜乐里［Nee Loh Lee］49号）、中国电气工界联合会（Engineers' Institute of China，北四川路15号）和安徽驻沪劳工总会等代表约30人，由海员工会会长陈炳生主持。湖南劳工总会谌小岑、安徽驻沪劳工总会王吉人、王亚樵、福德路商界联合会陈广海（Zung Kwong-hai）先后作了赞扬死难者勇敢的演讲，并一致对死者遇难者表示哀悼，但对于英国行政上或香港当局没有说起冒犯的话。只谌小岑演讲中涉及华中铁路工人惨杀，并指谪吴佩孚、萧耀南为暗杀者。追悼会于下午5时结束。

中华海员工会上海支部业已邀请本埠各工会派遣代表出席8日下午2时在该会会所举行的香港海员罢工胜利庆祝大会，会后将在北四川路武昌路口会元楼宴叙。

（1923年3月9日）3月8日下午4时，中华海员工会上海支部为了庆祝上年香港海员罢工胜利结束，邀请本埠各劳工团体代表约50人，在北四川路331号会元楼茶叙。由安徽驻沪劳工总会王亚樵、粤侨工界联合会

---

[1] 喇格纳路（Rue de Lagrene），今崇德路。

（Cantonese Labour Union）[1]张渭川（Tsang Wei-chuen）、中国工程师学会冯次廷（Voong Tsz-ting）演说，对香港海员战胜资本主义的组织、力量和团结，备致赞扬，并希望全国工人照样组织起来云。

工部局电气处工潮

（1923年1月10日）工部局电气处职员为了准备加薪请愿，曾经举行会议。据报，该处工人极注意此行动的结果。

（1923年3月9日）工部局电气处电线工人约350名全部罢工。他们还没有举行正式会议，但有些工人在里虹桥街181号和东有恒路1946号茶馆聚集，谣传各分站铜匠今明两日将参加罢工。3月7日黄陆路发生的轻微损坏被外籍职员修复。

（1923年3月10日）工部局电气处罢工工人约350名，昨在斐伦路栈解散。领到工资的工人有些到汉璧礼路1100号鹤升茶楼（Ngok Sung Leu Teashop）还清伙食账后各散回家，在里虹桥181号品茗的约有20人。电气处所雇佣的地线工人60名本日亦将遣散。这部分工匠可能仿照电线工人榜样，对被开除同事作同情罢工。

---

[1] 原译"广东工会"，下文同改。

（1923年3月15日）据报，工部局电气处最近因罢工被解雇的电线工人现在急欲复工。3月14日下午9时，他们在克能海路祥安里（Tsiang Eu Lee）196号电器工界联合会开会，决定邀请伊巴德电器公司（Messrs Porter & Company）伍士先生（Mr. C. S. Woods）代向电气处说项。

（1923年3月19日）3月6日罢工的电气处电线工人已照罢工前同样条件恢复工作。唯一变动，即夜间准备修理电线损坏工人以前每次出动以4小时计工，现在每夜以9小时计工。罢工开始前解雇的多余人手概不重行雇用。

（1923年3月6日）工部局电气处中区电线工人50人，今晨因要求增加工资举行罢工。

（1923年3月7日）电气处中区电线工人约60名继续罢工，但未引起重大困难。罢工系因要求增加工资而起，但实际上恐系因电气处有解雇多余工人的决定所促成。

装订作工潮

（1923年3月19日）由于装订作主人有将工人每日所出饭资从7分加至1角的决定。双方发生争执，结果公共租界内76家装订作工人1000名，于3月17日下午起先后罢工，他们将在闸北新疆路 74 号沪北叙商茶楼（Woo Poh Dzu Saung Leu，音译）举行非正式会议。商务印书馆和中华书局工人工资标准特定，未受罢工波及。

（1923 年 3 月 20 日）装订作工人约 1 000 名仍在罢工。19 日下午 2 至 5 时，有罢工工人 100 名在新北门玉和茶楼（Nyok Wo Leu，音译）开会，推选委员 10 人向雇主提出增加工资 40% 的要求。同时雇主们也在法华民国路 233/4 号悦和茶楼（Yoeh Wo Leu，音译）会议，并同意于今日下午（3 月 20 日）在新北门书业公所（Bookbinders' Guild）[1] 会见工人代表。除了商务印书馆和中华书局工人以外，罢工是普遍的，但有些店家正在设法利用学徒们帮助来完成迫切的工作。

（1923 年 3 月 21 日）继续罢工的工人代表和雇主们将于本日下午 3 时在新北门内昌盛老街（Tsang Tshen Loo Ka）2 号雇主公所（Master's Guild）开会讨论解决争执条件。今日会议乃昨日双方在福建路 408 号书业公所非正式会议议定而开，出席该会议的有雇主 30 人和高松龄（Kau Soong-ling，音译）、吴益甫（Wu Yih-fu，音译）两位罢工工人。

（1923 年 3 月 22 日）3 月 21 日下午 4 时至 5 时 15

---

[1] 原译"装订业公所"。

分，装订业劳资双方代表在城内昌盛老街 2 号雇主公所开会，讨论没有结果，今日上午 11 时将在福建路 408 号书业公所继续开会。

（1923 年 3 月 23 日）3 月 22 日下午 3 时至 5 时 3 刻，装订业劳资双方代表在福建路 408 号书业公所开会达成协议，工人决定本日复工。协议规定工资增加一成，工人所出饭资由 7 分改为 8 分。

1923 年 4 至 6 月份警务处日报

工运情况

（1923 年 4 月 2 日）3 月 31 日下午 3 时，全国工团工人自救会假座中华海员工会开会，到有本埠各劳工团体代表 15 人，决议如下：

1、2、4 因与工运无直接关系，故从略（译者按）

3. 救济上年被湖北当局残杀的京汉铁路工人的家属捐款将于 4 月 3 日会上收集。

会议由中华海员工会会长陈炳生主持，下午 3：45 结束。

（1923 年 4 月 6 日）全国工团工人自救会致函各报馆和公共团体，对中华书局和商务印书馆将工人工作时间由 8 小时半增加至 9 小时的计划提出抗议。

（1923 年 4 月 19 日）据报，本埠各工会现正筹备在北四川路横浜桥附近精武体育会操场庆祝五一劳动节。

（1923 年 4 月 24 日）据报，静安寺路 192 号中华书局印刷工人马仁宝（Ma Zung-pao，音译）近因参加反对增加工作时间的煽动，致被解雇，数日前投水自杀。该公司工人对他们同事的遭遇表示极大愤慨，除向工会呼吁援助外，已捐款 200 元作维持死者家属用。

4 月 23 日晚 9 时，本埠 18 个工团代表 20 人在靶子路 133 号中华全国工界协进会会所内举行联席会议，由中华海员工会会长陈炳生主持，通过决议如下：

1. 推派上海牛羊肉同业公会（Shanghai Butchers' Union）[1] 会长陈广海和安徽驻沪劳工总会王亚樵往晤上海护军使何丰林和淞沪警察厅厅长徐国梁，请求同意五一劳动节庆祝大会在司考脱路 [2] 青年会操场举行。

2. 登报吁请工人出席劳动节庆祝大会。

3. 本埠各工会会所外请悬灯庆祝。

4. 通电北京，谴责泰东书局主人赵南公在京冒称上海工会代表的欺骗行动。

5. 选举委员 11 人执行决议，并收集庆祝劳动节用款

---

[1] 原译"屠宰工会"，下文同改。

[2] 司考脱路（Scolt Road，一作施高塔路），今山阴路。

40 元。

（1923 年 4 月 28 日）10 月 27 日晚 8 时，全国工团工人自救会委员 6 人在北四川路仁智里（Zung Tsz Lee）258 号会所开会，决议如下：

1. 雇佣一军乐队，于五一劳动节庆祝大会到司考脱路青年会操场演奏。

2. 邀请徐谦、柏文蔚、孙洪伊、汪精卫、于右任、邵力子等名人演讲。

（1923 年 4 月 30 日）4 月 28 日下晚 8 时，船务栈房工会（Godown Workers' Union）[1] 会员约 15 人，在北四川路仁智里 167 号会所开会，决议如下：

1. 劳动节在会所外悬挂灯笼。

2. 5 月 1 日，请全体会员集齐司考脱路青年会操场，参加劳动节庆祝大会。会议由会员广东籍雇工黎国梁（Li Kuo-liang）主持，晚 10 时结束。

（1923 年 5 月 1 日）庆祝五一劳动节已计划如下：

时间	地点	负责筹备机关
下午 2 时	司考脱路青年会操场	全国工团工人自救会
下午 2 时	兆丰路 17 号	南洋烟草职工同志会
下午 2 时	山东路金隆街 9 号	工商友谊会

---

[1] 原译"船务栈司工会"。

4月30日下午8时半,各团体代表14人在北四川路仁智里258号全国工团工人自救会举行劳动节筹备委员会议,由安徽驻沪劳工总会王亚樵主持,通过决议如下:

1. 推选王亚舟为庆祝劳动节筹备委员会主席。

庆祝大会程序如次:

(甲)奏乐;(乙)主席致词;(丙)各国五一劳动节成立梗概;(丁)报告军阀屠杀京汉铁路工人经过;(戊)上海劳工运动进展和最近罢工的回顾;(己)小学生唱歌;(庚)演说;(辛)音乐;(壬)决议;(子)要求集会、言论、出版自由和罢工权利;(丑)要求工会启封;(寅)要求释放工潮煽动者;(卯)谴责湖南督军赵恒惕杀害庞人铨、黄爱两罢工首领;(辰)谴责吴佩孚、萧耀南屠杀京汉铁路工人;(巳)赞成召开全国劳工代表大会。

(1923年5月2日)本埠工团五一劳动节庆祝大会昨在三处举行。其中最重要的在司考脱路青年会操场召开,到者约350人。大会由中华海员工会上海支部会长陈炳生主持,演说的有上海牛羊肉同业公会陈广海、成衣工会陈国樑、京汉铁路工会杨德甫(Yang Tuh-foo)、中华电气工界联合会史农均(Tseu Ngoh-jung,音译)、留日学生胡兆先(Huh Zao-sien,音译)、徐谦、黄兴夫人、青年会干事陈维新（Chen Vi-sing，音译）、沙士德利博士（Dr. Shastri）和杨草仙等，均涉及劳动节的意义和力劝工人团结一致，向军国主义、资本主义作斗争来维护自身权利。陈炳生在致开会词中，对地方军事首长允许开会表示感谢并请演讲者发表意见时要保持和缓态度。但陈国樑和其他演词中仍力劝民众起来，刺杀负枪杀京汉铁路工人责任的吴佩孚和萧耀南。沙士德利传士演词结语吁请军警勿再效忠奴役他们的主子，而参加认他们为弟兄的工人队伍。大会旋通过决议如下：

1. 大会对要求集会、言论、出版、自由和罢工权利表示赞同。

2. 要求负责当局启封工会和释放因工潮被捕工人。

3. 号召全国工人反对残杀京汉铁路工人的吴佩孚和萧耀南。

4. 为死难者继续开追悼大会。

5. 号召全国工人否认北京颁布压制劳工运动的法律。

会场到有军队 40 人、警察 20 人，另有后备军队 50 人驻在沪宁铁路车站。有关劳工运动的传单在会场散发的计 14 种，其中主张刺杀湖南督军赵恒惕的传单措词甚多激烈，另一传单力劝工人与社会主义联合向军国主义、资本主义作战。大会于下午 5 时结束。

第二个会系同日下午 2 时在山东路金隆街 9 号工商

友谊会举行，到有该会会员 10 人，由秘书童理璋主持。童氏对过去劳动节事迹略加叙述，并希各业工人起来仿照西方各国为争取八小时工作而努力。

第三个会系于 5 月 1 日下午 1 时在兆丰路 17 号南洋烟草职工同志会（Nanyang Brothers Tobacco Company Workers' Guild）举行，到者有会员 30 人，由该公司工人何中明（Ho Chung-ming，音译）主持。何氏称：他预料短期内全国工人就要庆祝劳动节，并将获得 8 小时工作制云。

除南洋兄弟烟草公司给假一天外，其他工厂工作如常。

（1923 年 5 月 19 日）据报，位于葛罗路 [1] 64 号的安徽驻沪劳工总会已在劳勃生路英华里（Ying Hwa Lee）454 号设立分部，定名为安徽旅沪工界协进会（Shanghai Anhui Labour Cooperative Society）。（这个工会可能系流氓工会组织之一——译者按）

（1923 年 5 月 26 日）5 月 25 日下午 9 时半，全国工团工人自救会委员 6 人在北四川路仁智里 258 号会所开会，会议由天潼路 72 号仁隆肉庄（Zung Loong Butchery，音译）主人、上海牛羊肉同业公会常务主席

---

[1] 葛罗路（Rue Baron Gros），今嵩山路。

陈广海主持。讨论 5 月 1 日通过赞成释放工潮煽动者的决议时，主席力称对单纯系布尔什维克主义者的工具的李启汉不应同样赦免。（陈广海以老板身份而得任两个工会的要职，又敌视当时工运领袖的李启汉，从此看来，该两工会很可能是流氓工会的组织——译者按）

（1923 年 6 月 5 日）中华海员工会上海支部会长陈炳生为了全国工团工人自救会委员中意见不合，决定辞去全国工团工人自救会主席之职。

全国工团工人自救会原来计划于 6 月 3 日下午 2 时在靶子路 133 号中华全国工界协进会举行会议，因缺乏支援，没有实行。

豆腐业工潮

（1923 年 6 月 13 日）本日下午豆腐业工人将在菜市路 [1] 元芳路口德月茶楼（Tuk Yueh-leu Teashop）集合，讨论要求增加 25% 工资问题。上海现有豆腐店约 500 家，雇佣工人约 2 000 人。

（1923 年 6 月 14 日）6 月 14 日下午 2 时半至 5 时半，40 家豆腐店工人聚集在菜市路元芳路口德月茶楼开会，讨论要求增加 25% 工资问题，但未达成切实决定。

---

[1] 菜市路（Rue du Marche），今顺昌路。

（1923 年 6 月 22 日）汇山区豆腐店罢工工人业已无条件复工。6 月 21 日罢工领袖孙阿荣（Sung Ah-yoong）在会审公廨受讯，判决还押一星期。

（1923 年 6 月 27 日）6 月 26 日下午 3 至 5 时，豆腐业劳资双方在北海路 47 号某茶楼会议，企图解决劳方要求增加工资可能引起的困难，结果双方动武，后经捕房弹压，捕去工人 3 名。争执开始时，茶楼内有 20 名雇主和 70 名工人。

（1923 年 6 月 29 日）因煽动豆腐业工人罢工于 6 月 21 日起判令还押的孙阿荣、薛林习（Sih Ling-zih）、唐有林（Dong Yeu-ling）、施小虎（Sz Siao-ho）等昨在会审公廨受讯，孙氏被判处徒刑 1 个月，其余三人被判徒刑两个星期。

猪皮箱业工潮

（1923 年 5 月 15 日）5 月 15 日，城内和闸北猪皮箱业工人约 400 名因要求增加 40% 工资，举行罢工。

（1923 年 5 月 16 日）皮箱业工人仍在继续罢工。中区皮箱零售店有若干家的店员亦已停止工作。

（1923 年 5 月 18 日）皮箱工人罢工仍在继续进行。罢工工人坚持增加 40% 工资的要求，雇主方只愿加 7%。工人们的聚集地点业已搬至法华民国路北街弄（Pei Ka

Loong）2 号聚宝茶楼（Tshih Pau Leu Teashop）。

1923 年 7 至 9 月份警务处日报
工运情况

（1923 年 7 月 3 日）前闸北丝厂女工，该区最近工潮起到显著作用的刘鸿道（Liu Hung-dau）和穆志英业经闸北警察局警告，如该区工厂女工中发生事端，要她们负责。

（1923 年 7 月 7 日）关于布尔什维克主义仍在中国各地传播的巡捕房报告，已由中国官厅最近搜获文件和其他来源予以证实。这种传播大大地说明了本地和其他各地区新团体的陆续组织和首领们对于这些社团合并的不断努力。广州、北京、汉口、长沙和天津据说是活动最有力的中心。上海方面从事活动的人很多，但按照中国负责这方面官员的意见，由于公共租界当局采取监视和镇压手段，所以成功较小。（这段资料无形中说明了这时期工运低落的原因——译者按）

（1923 年 7 月 11 日）7 月 10 日晚 9 时，各工会代表 10 人在牯岭路 16 号全国工团工人自救会会所举行非正式会议。席上有劳勃生路 11 号 A 日华纱厂（Japan and China Cotton Spinning and Weaving Company）张嵩龄（Chang Soong-ling，音译）报告，说道因为厂方解雇了工人 50 名，他逼得要到戈登路捕房寻求保护。经会众讨论和张氏建议，最后决定派遣被解雇工人代表 4 人往晤该厂经理，以求和平解决。

据报全国工团工人自救会已致函上海日本总领事，请其劝说日华纱厂经理将负 50 名铁匠、木匠解雇责任的山内（Yamauchi）监工开除。该监工最近曾将工人膳饭时间减为半小时，而工人们则要求改为 1 小时。

（1923 年 7 月 12 日）7 月 11 日晚 9 时，各工会代表 14 人在牯岭路 16 号全国工团工人自救会举行会议，由驻沪安徽劳工总会吴培士（Wu Bei-sz，音译）主席决议如下：

1. 致函江苏督军，询问为何在昆山进行戒严。

2. 派遣代表 6 人往晤劳勃生路 11 号 A 日华纱厂经理，设法使因要求膳饭时间由半小时改为 1 小时，致被解雇的 50 名工人重获聘用。代表们并将向该经理说明对工人们作哪些适当的让步。

会议于晚 11 时结束。

（1923 年 7 月 13 日）7 月 12 日下午 2 时，全国工团工人自救会代表 6 人，由日本总领事馆介绍，晤见劳勃生路 11 号 A 日华纱厂经理大岛（Oshima）先生，提出该厂工人膳饭时间由半小时改为 1 小时的要求。据报要求没有接受。

关于丝厂片段消息

（1923 年 6 月 25 日）北河南路（越界筑路）209 号元裕丝厂（Yuen Yue Silk Filature）女工 1 500 人。又该路 9 号丰仁丝厂（Vung Zung Silk Filature）女工 400 人为了实现夏季每星期发给特别花红 2 角的要求，同于 6 月 23 日下午 1 时罢工，翌日（24 日）下午 5 时半无条件复工。

（1923 年 7 月 11 日）据报有两三个自称为公共租界和闸北丝厂女工代表的女人，将于今日下午或短期内往晤各丝厂经理，要求减少工时，目前丝厂工人中没有任何煽动的明证，殊无作上述申请的特别理由。

（1923 年 7 月 16 日）由于丝厂工人要求每天工时减为 9 小时和每月 1 日与 15 日休假的争执，闸北长安路（Zang Oen Road）泰仁丝厂（Dai Zung Silk Filature）400 名女工，于 7 月 14 日罢工。同日上午闸北各丝厂的 30 位厂主集会，讨论工人要求，他们同意对每天工作 10 小时的工人，每两星期给假 1 天，但工人们拒绝更改。厂主们的会议在闸北恒丰路崇德里（Zoong Tuh Lee）319 号举行，会议由绪昌福（Hsu Chang Foh）和绪昌盛（Hsu Chang Sing）丝厂创办人易裕仁（Yi Yu-zung）主持。

据说这 7 个女人曾对泰仁丝厂工人进行威吓，因此于 7 月 14 日被闸北警察逮捕，16 日上午 8 时解往城内。

闸北各丝厂于 7 月 15 日停闭，今日照常工作，但工人们恐将作经常性提早 1 小时收工离厂的尝试。

公共租界内丝厂虽曾有拟将工人关出（即解雇意），直至他们放弃减少工时运动为止的谣传。这些丝厂现仍照常工作，只有虹口西区 5 家丝厂因缺乏茧子或机器损坏，逼得停顿。

据报，闸北丝厂工人经常在闸北汉中路子祥里（Tsz Ziang Lee）92 号穆志英家里举行秘密会议。穆是 1922 年 8 月丝厂罢工首领之一，于 1923 年 7 月 2 日受到闸北警局不许制造事端的特别警告。

（1923 年 7 月 17 日）7 月 14 日，因进行威吓被闸北警察逮捕，翌日解往城内审讯的丝厂女工已于 16 日交保释放。

（1923 年 7 月 18 日）准备于 7 月 17 日下午，在城内淞沪警察厅（Yamen of the Woosung and Shanghai Constabulary）举行的丝厂工时讨论会议已延至 18 日下午 3 时举行。

（1923 年 7 月 19 日）麦根路 5 号恒盛丝厂（Huang Zung Silk Filature）女工 600 人和该路德业丝厂（Tuck Nyih Silk Filature）女工 350 人为了要求每星期发给花红 2 角，于 7 月 18 日下午罢工。嗣因资方允于短期内召开讨论工人困难问题的丝厂经理会议，工人们遂于7月19日上午5时半复工。此次罢工系在恒盛丝厂发动，该厂工人闯入德业丝厂，强迫工人加入罢工。他们在德业丝厂除了损坏机件外，将茧子抛撒地上，结果被警察逐出。

（1923年7月30日）汉中路5号上海女子工业进德会（Shanghai Women's Labour Improvement Society）[1]会员和煽动者穆志英的母亲于7月29日上午6时半至8时，率领女工约50人闯至闸北违背每两星期休假1天的协议正在进行工作的8个丝厂，并要求遵守假期。当天，这些丝厂均接纳要求，于上午8时停工。另由该会一名男性秘书王康侯（Wong Kong-hou）率领女工约30人至该区另一丝厂，提出同样要求，亦于9：45被接受。

（1923年8月6日）满洲路[2]（越界筑路）9号源昌丝厂（Nyoen Tshang Silk Filature）女工400人于8月1日罢工，5日晨无条件复工。

（1923年8月8日）前闸北丝厂女工江北人刘鸿道于8月7日因勒索被闸北警察逮捕。刘氏系1922年闸北工潮的显著角色。

---

[1] 原译"上海女工进德会"，下文同改。

[2] 满洲路，今晋元路。

自来水公司工潮

（1923 年 7 月 19 日）静安寺路 138 号上海自来水公司（Shanghai Waterworks Company）分办事处 70 名工人因要求每日增加工资 3 分，于 7 月 19 日上午 7 时罢工，两个工潮煽动者被捕房逮捕。江西路 66 号该公司工程处亦有相似人数罢工。

（1923 年 7 月 20 日）今晨，上海自来水公司江西路 66 号工程处工人已无条件复工，但静安寺路分办事处工人仍未回厂工作。这些工人要求增加约 25% 工资。该公司已拒绝和罢工工人磋商，但表示如工人们无条件复工，则对他们的困苦，愿意考虑。

（1923 年 7 月 21 日）上海自来水公司江西路工程处工人都已复工，情况正常。静安寺路分办事处大部分工人仍在罢工中。两位被逮捕的煽动者于 7 月 20 日在会审公廨各被判处监禁一星期。据报，公司已愿意每人每日增加 2 分，工潮可望迅速解决。

（1923 年 7 月 23 日）上海自来水公司静安寺路分办事处大部分工人于 7 月 23 日无条件复工。

（1923 年 7 月 24 日）上海自来水公司静安寺路分办事处临时工仍在继续罢工，并已蔓延到新闸路 6 号办事处，其 126 名临时工停工。

（1923 年 7 月 25 日）上海自来水公司江西路工程处

和静安寺路分办事处工人经公司允许每人每日增加工资3分后，已于今晨复工。新闸路6号栈房之临时工大部分亦已无条件复工。

（1923年7月30日）上海自来水公司新闸路栈房工人126名，因要求每日增加工资3分，于7月23日罢工。要求业经允许工人们遂于7月29日复工，每日工资由3角5分提高至3角8分。

其　他

（1923年7月18日）7月17日下午2时，安徽驻沪劳工总会约40名会员在其位于葛罗路64号的会所开会，由该会执委会委员王惠安（Wong Hui-an，音译）主持，决议如下：

1. 夥友部（Employment Department）成立大会将于7月29日举行，欢迎所有新会员参加。

2. 推举一个由11人组成的小组委员会负责成立大会的筹备事宜。

会议于下午4时半结束。

（1923年7月30日）7月29日下午4时，安徽驻沪劳工总会夥友部成立大会在闸北中兴路安徽会馆举行。约有200人参加大会，大会由梅国桢（Mei Kuo-tsung）主持。推举以下领导人：会长郭福川（Kuo Foh-chuen，音译），副会长黄同宜（Huang Tong-nyi，音译）、郭炳宽（Kuo Ping-kwan，音译）。

（1923年8月6日）工部局工务处新闸路栈房工人80名中的50名因要求提高工资，曾于8月5日晨罢工，今晨无条件复工。工人们所提增加工资数额的要求失败。

工务处戈登路栈房工人约300名因要求较高工资，虽于8月5日晨罢工，今晨无条件复工。

（1923年8月7日）工部局工务处新闸路栈房工人因要求较高工资于8月5日晨举行罢工，今晨有20名工人无条件复工。

工务处戈登路栈房于8月5日晨罢工的工人又有100名无条件复工。

（1923年8月10日）韬朋路[1] 7号宝兴锡箔厂（Paoshing Tinfoil Factory）130名工人中有100人因要求较高工资，于8月8日开始罢工。他们每天工资3角5分，要求予以增加并将日工改为月工计算。

（1923年8月11日）南洋兄弟烟草公司附属的宝兴锡箔厂现仍继续罢工。

（1923年8月23日）韬朋路宝兴锡箔厂工人于8月8日开始的罢工，于今晨结束。罢工结果是工人得加

---

[1] 韬朋路（Thorburn Road），今通北路。

10% 的工资。

（1923 年 9 月 22 日）耶松老船坞（Shanghai Dock and Engineering Company）浦东厂木匠约 50 人要求增加工资，于 9 月 21 日罢工。他们每天工资 1 元，要求增加 20%。

（1923 年 9 月 26 日）耶松老船坞浦东厂木匠约 50 人要求增加工资，虽于 9 月 21 日罢工，嗣经资方允许增加 8% 工资后，工人们已于 9 月 24 日复工。

（1923 年 8 月 11 日）中华海员工会上海支部在百老汇路 88 号会所内设立夜校一所，8 月 15 日开学。

（1923 年 9 月 14 日）中华海员工会上海分会定于 10 月 2 日在其百老汇路 88 号会所举行职员选举。

中华海员工会上海分会职员朱明江（Tsu Ming-kong）于 8 月初离沪赴汉，企图在汉建立支部，数日前已返抵上海，报告任务没有完成。

（1923 年 9 月 20 日）湖北全省工团联合会（Hupeh Labour Union）[1] 和京汉铁路工会（Peking-Hankow Railway Workers' Union）已向上海各劳工团体发出通知，催促派遣代表出席 9 月 20 日下午 2 时在北四川路仁智里 157 号粤侨工界联合会会所召开的会议，讨论重要事项。

---

[1] 原译"湖北劳工总会"。

（1923 年 9 月 21 日）9 月 20 日下午 3 时，本埠 7 个团体代表约 20 人在北四川路仁智里 157 号粤侨工界联合会会所开会，会议由京汉路工会驻沪办事处陈天（Zung T'ien）主持。陈氏对各团体筹款援助京汉铁路罢工死难者家属表示感谢，对吴佩孚、萧耀南部下的残暴行为，表示将永志不忘。主席旋报告全国捐款共达 12 860 元，并宣读捐款用途表一遍，听众满意，于 4 时半散会。

（1923 年 8 月 29 日）劳勃生路 64 号东亚麻袋厂（Tao Jute Mills）[1] 系日人所经营，雇佣男女工共约 1 000 人。8 月 28 日下午 6 时，夜班工人举行罢工。大概有些夜班工人被剥了享受最近允许的些小增加工资的利益。结果全体夜班工人约 350 名于 8 月 28 日晚拒绝工作。事件后经完满的安排，工作于 29 日晨 6 时恢复。

（1923 年 8 月 27 日）过去几个月中，上海的中华邮局邮差有些不满情绪，但企图于 8 月 26 日在北浙江路（越界筑路）华兴坊（Hwa Hing Fong）666 号召集他们开会，没有成功。据报邮政当局正在努力把不忠诚的人逐渐排除。

---

[1] 原译"东亚制麻厂"。

1923 年 10 月至 12 月警务处日报资料

工运情况

（1923 年 11 月 8 日）11 月 7 日下午 2 时半，全国工界救亡会（National Salvation Labourers' Union）[1]（根据以前材料，只有 National Labourers' Salvation Society，曾译为"全国工人救济协会"[2]，英文译名不同，但地址完全相符，很可能就是一个团体——译者按 [3]）会员 21 人在斜桥（St. Catherine's Bridge）附近四合里（Sz Huh Lee）会所开会，由京汉铁路工人代表郭寄生（Kwoh Chi-sung）主持，通过决议如下：

致电联苏驻华新代表加拉罕（Karakhan）先生，表达中国无产阶级对苏俄建国六周年的庆贺，并力请他与南方政府进行磋商，寻求恢复于双方有利的外交和贸易关系的基础。

（1923 年 11 月 9 日）中华海员工会上海支部将于 11 月 9 日下午 2 时，在百老汇路 88 号会所开会，讨论如何敦劝会长陈炳生撤销数日前提出辞职事。

（1923 年 12 月 8 日）赞成布尔什维克主义的刊物

---

[1] 原译"工人救国联合会"。

[2] 正确名称为"全国工团工人自救会"。

[3] 原译者判断有误。全国工界救亡会与全国工团工人自救会是两个不同的团体，会所地址亦不同。

《向导周报》，其在城内肇浜路兰发里 8 号的编辑部，虽于 1923 年 2 月 26 日被淞沪警察厅查封，刻已复刊，并在小北门附近民国路 339 号上海书店（Shanghai Book Store）和河南路 91 号知识书局（Intelligence Press）发售。

（1923 年 12 月 31 日）本埠各劳工团体正计划于 1 月 2 日下午 2 时在兆丰路 17 号南洋烟草职工同志会会所开会，讨论 1922 年被湖南督军赵恒惕杀害的两工人首领庞人铨、黄爱追悼大会筹备事宜。

家具油漆工人罢工风潮

（1923 年 11 月 10 日）本埠家具油漆工人除供膳外每天工资向为 2 角 5 分，顷在酝酿每天增至 4 角的运动。他们已选出 8 个领袖向县知事申请援助。雇主们将于本日下午 2 时在北门果育堂街（Ku Yoh Ka）39 号公所内开会讨论。

（1923 年 11 月 12 日）由于雇主们没有允许增加工资的要求，家具油漆工人数名于 11 月 11 日开始罢工，风潮恐将扩大。工人们经常在公馆马路[1] 第一春茶楼（Di Yih Tshung Teashop）、天主堂街[2] 法华民国路口宴海

---

[1] 公馆马路（Rue Du Consulat），俗称法大马路，今金陵东路。

[2] 天主堂街（Rue Montauban），今梧桐路。

楼茶馆（Yien Hai Leu Teashop）和城里各茶楼集会。

（1923年11月12日）华界家具油漆工人罢工的现约有1 000名，如争执不予解决，工潮恐将蔓延及公共租界和法租界。工人们坚持增加80%的要求，但雇主们拒绝任何让步。

（1923年11月14日）家具油漆工人仍在继续罢工，工潮已蔓延到法租界部分地区，计紫莱街[1]的家具店工人约150名于11月13日罢工。劳资双方寻求解决办法的非正式洽商业已开始。

（1923年11月15日）11月11日开始的本埠家具油漆工人罢工在继续进行中。罢工工人们每日在北门附近薛弄底漆业公所（Painters' Guild）举行非正式会议。在11月14日会上，工人们宣称将继续罢工，直至雇主们作些让步为止。

（1923年11月17日）家具油漆工人仍继续罢工。雇主们拒绝让步，工人们同样地坚持要求。工人们正在努力迫使公共租界和法租界工人宣布同情罢工。11月15日，5个闸北的纠察队员为了促进这些个目的，曾在宁波路385号强迫工人放弃工作，因此被老闸捕房逮捕，翌日解至会审公廨，各被判罚金3元。

---

[1] 紫莱街（Rue Discry），今紫金路。

（1923 年 11 月 19 日）家具油漆业劳资纠纷调解的努力迄未成功。

（1923 年 11 月 20 日）冯松园（Hung Soong-yuen）先生对解决家具油漆罢工风潮的努力，可能于数天内成功。根据冯先生建议，雇主们已同意每天增加工资 4 分，预料工人将予接受。

（1923 年 11 月 22 日）本埠油漆工人不愿接受雇主们每天增加 4 分的建议，罢工在延续中。11 月 21 日上午 11 时油漆工人约 70 名谒见县知事，请求催促雇主们接纳工人的要求。13 日前开始的家具油漆工人罢工，虽经调停人努力排解，仍未解决。雇主们说不愿再作让步，而有些罢工者则以如要求不遂，将着手毁坏雇主财物来进行恐吓。

（1923 年 11 月 26 日）仍在罢工的华界家具油漆工人现正努力诱致县知事强迫雇主们接受工人们的要求。

（1923 年 11 月 28 日）11 月 11 日开始的家具油漆工人罢工尚在继续中。

（1923 年 11 月 30 日）11 月 29 日，油漆业劳资两方代表在县知事公署开会，但未达成协议。

（1923 年 12 月 4 日）家具油漆工人仍在继续罢工。工人们再度派遣代表至县署，请求县知事迫使雇主再作让步。

（1923 年 12 月 6 日）根据 12 月 5 日在县署开会达成协议，雇主允许每天加给油漆工人工资 6 分。11 月 11 日开始罢工的工人本日已告复工。

图书在版编目（CIP）数据

红映浦江：上海工运历史研究．第三辑／上海市静
安区文物史料馆，上海社会科学院历史研究所现代史研究
室编．— 上海：上海书店出版社，2024.5
　　ISBN 978-7-5458-2374-5

　　Ⅰ．①红… Ⅱ．①上… ②上… Ⅲ．①工人运动—历
史—上海—文集 Ⅳ．①K261.351.07-53

　　中国国家版本馆CIP数据核字（2024）第088614号

责任编辑　邓小娇
封面设计　郦书径

红映浦江
——上海工运历史研究（第三辑）
上海市静安区文物史料馆
上海社会科学院历史研究所现代史研究室　编

出　　版　上海书店出版社
　　　　　（201101　上海市闵行区号景路159弄C座）
发　　行　上海人民出版社发行中心
印　　刷　上海叶大印务发展有限公司
开　　本　889×1194　1/32
印　　张　11.125
版　　次　2024年5月第1版
印　　次　2024年5月第1次印刷
ISBN 978-7-5458-2374-5/K.498
定　　价　68.00元